MIX-REZEPTE
FÜR BABYS UND KLEINKINDER

Petra Reschenhofer &
Christine Ellinger

MIX-REZEPTE FÜR BABYS UND KLEINKINDER

Brei, Beikost und Fingerfood aus dem Thermomix®

südwest

Inhaltsverzeichnis

Vorwort 7

Ab jetzt auch B(r)eikost

Von der Milch zum Brei 10

Beikosteinführung 10 Vielfältige Ernährung 11

In kleinen Schritten 12

Einstieg in die Beikost (Mittagsbrei) 13 Milch-Getreide-Brei (Abendbrei) 13 Getreide-Obst-Brei (Nachmittagsbrei) 14 Fingerfood 15 Übergang zur Familienkost 15 Die richtige Konsistenz 15 Getränke – wann und was? 16

Was braucht mein Baby? 18

Eisen- und Zinkbedarf 18 Rund um das Thema Kuhmilch 18 Fisch und Ei 19 Glutenhaltiges Getreide 19 Allergien 19 Vegetarische und vegane Ernährung 20 Nicht geeignete Lebensmittel für die Beikost 21 1-2-3-4-Mittagsbrei 22

Tipps aus der Praxis 24

Nur die besten Zutaten 24 Vorkochen 24 Hilfe, das Bäuchlein zwickt 25 So klappt's mit dem Essen 25

Thermomix®-Basics

Wissenswertes über den Thermomix® 28

Technik und Zubehör 28 Funktionen 28 Dampfgaren im Varoma 28 Zeitangaben und Einstellungen 30 Tipps zu den Rezepten 30

Rezeptteil

Erste Breie und Mittagsmahlzeiten 32

Abendmahlzeiten 46

Nachmittagsbrei und Zwischenmahlzeiten 52

Vorspeisen und Suppen 62

Hauptspeisen 74

Brot und Brötchen 92

Kuchen und Kekse 100

Snacks zum Mitnehmen 116

Für den Vorrat und zum Trinken 132

Rezeptregister 142

Impressum 144

Liebe Mamis! Liebe Papis!

Die Geburt eines Kindes gehört ohne Zweifel zu den glücklichsten Momenten im Leben. Eltern bekommen in den ersten Jahren die unvergleichliche Chance, mitzuerleben, wie der kleine Säugling langsam aber stetig zu einem fröhlichen Kleinkind heranwächst. Gleichzeitig tragen sie die Verantwortung, für die gesunde Entwicklung des kleinen Erdenbürgers zu sorgen. Eine sehr wichtige Rolle spielt hierbei die altersgerechte Ernährung. Denn wer wachsen und etwas erleben will, muss natürlich richtig essen.

Bereits in der Stillphase meines ersten Kindes stellten sich mir daher viele Fragen. Was braucht mein Kind für seine optimale Entwicklung? Mit welchen Breien fange ich am besten an? Wie geht es dann nach der anfänglichen Breiphase weiter? Und natürlich: Wo finde ich Rezepte zum Selbstkochen?

Hoffnungsvoll begab ich mich auf die Suche nach Antworten. Nach etlichen Kursbesuchen und umfangreicher Internetrecherche stellte ich fest, dass es zwar jede Menge an theoretischem Wissen gab, jedoch die passenden Rezepte zu den jeweiligen Altersabschnitten fehlten. Also beschloss ich, selbst aktiv und kreativ zu werden. Voller Tatendrang machte ich mich sogleich an die Entwicklung verschiedenster Breimahlzeiten. Das Küchengerät der Wahl war dabei, wen wundert es, der Thermomix®. Denn Babybrei mit dem Thermomix® zu kochen ist so einfach: Er wiegt, er mixt, er rührt, er zerkleinert in einem und lässt sich leicht bedienen. So ist der Brei ruckzuck fertig und man kann sich während des Kochens weiterhin um sein Kleines kümmern. Die Kombination aus Varoma und Gareinsatz ermöglicht eine schonende Zubereitung.

Nach und nach kamen dann immer weitere Rezepte dazu, wie gesunde Snacks zum Mitnehmen, Rohkostsalate und Brote. Und da es manchmal auch etwas zu feiern gibt, dürfen Rezepte für gesunde Kuchen und Kekse auch nicht fehlen.

Mein Sohn stellte sich in dieser langen und oftmals nicht leichten Entwicklungsphase als äußerst hilfreich heraus. Als „erster Vorkoster" gab er mir sogleich Feedback, ob die angebotenen Speisen schmeckten oder nicht. Da aber nicht nur der Geschmack alleine zählt, holte ich mir ernährungswissenschaftliche Unterstützung von der Gesundheitswissenschaftlerin Christine Ellinger. Sie befasst sich beruflich mit dem Thema Beikost und konnte mich in diesem Bereich bestens beraten und unterstützen. Schließlich entstand in mir der Wunsch, diese Gerichte in einem Buch zusammenzufassen und somit auch anderen Müttern zugänglich zu machen.

Die in diesem Buch enthaltenen Rezepte führen Sie vom anfänglichen Brei über die ersten Kauversuche bis hin zur gemeinsamen Familienküche. Der allgemeine Leitfaden am Anfang des Buches behandelt grundlegende Fragen zum Thema Beikost und entspricht den neuesten Erkenntnissen der Ernährungswissenschaft.

Und nun heißt es: Ran ans Gerät! Probieren Sie aus, was Ihrem Kind schmeckt und lassen Sie sich von seinen Reaktionen auf die angebotenen Speisen überraschen.

Ich wünsche Ihnen viel Freude bei der gemeinsamen kulinarischen Entdeckungsreise.

Herzliche Grüße
Petra Reschenhofer

Ab jetzt auch B(r)eikost

Von der Milch zum Brei

Die Ernährung eines Säuglings lässt sich in drei Abschnitte einteilen: In den ersten 4 bis 6 Monaten braucht er nichts außer Muttermilch beziehungsweise Säuglingsanfangsnahrung. Gegen Ende des 1. Lebenshalbjahrs reicht die Milch alleine nicht mehr aus, um seinen steigenden Energie- und Nährstoffbedarf vollständig zu decken. Zum einen verdoppeln Kinder ihr Geburtsgewicht innerhalb der ersten 5 Monate und verdreifachen es bis zum Ende des 1. Lebensjahres, zum anderen sind sie mehr in Bewegung. Nun ist es an der Zeit, das Baby an Brei vom Löffel zu gewöhnen. Zu Beginn der Beikosteinführung reichen kleine Mengen an fein püriertem Essen aus, die Schritt für Schritt erhöht werden. Gegen Ende des 1. Lebensjahrs erfolgt dann der langsame Übergang zum Familienessen. Die Babykost soll dabei auf den Bedarf des Kindes an Energie und Nährstoffen abgestimmt sein.

Beikosteinführung

Muttermilch ist die perfekte Nahrung von Geburt an. Sie ist immer verfügbar, richtig temperiert und dem tatsächlichen Bedarf an Energie und Nährstoffen angepasst. Falls nicht gestillt werden kann, bietet die Säuglingsanfangsnahrung (Pre-Nahrung) die notwendigen Nährstoffe. Sie ist der Muttermilch am ähnlichsten und so zusammengesetzt, dass sie den Bedarf des Babys in den ersten 4 bis 6 Monaten vollständig deckt und als alleinige Nahrung verwendet werden kann. Wenn das Baby mindestens 6 Monate alt ist und schon Beikost bekommt, besteht die Möglichkeit, auf Folgemilch (2er- oder 3er-Nahrung) umzustellen. Dieser Schritt ist aber nicht notwendig, wenn Ihr Kind mit der Pre-Nahrung gut zurecht kommt. Dann sollten Sie diese bis zum Ende des Flaschenalters füttern.

Frühestens ab dem 5., spätestens ab dem 7. Lebensmonat, also im Zeitraum von der 17. bis zur 26. Lebenswoche, wird empfohlen, mit Beikost zu beginnen. Mit dem Begriff Beikost sind alle Lebensmittel und Flüssigkeiten außer Muttermilch, Säuglingsanfangsnahrung und Folgenahrung gemeint, die ein Säugling während des 1. Lebensjahres erhält. Das Verdauungssystem und die Nieren sind nun soweit ausgebildet, um diese Kost zu verarbeiten. Muttermilch beziehungsweise Säuglingsmilch bleibt aber weiterhin noch eine wichtige Nährstoffquelle. Denn der Übergang von flüssiger Milchnahrung erfolgt in kleinen Schritten: Einzelne Milchmahlzeiten werden nacheinander durch verschiedene Breimahlzeiten ersetzt.

Der richtige Zeitpunkt für die erste Breimahlzeit. Jedes Kind is(s)t anders. Der Zeitpunkt für die Einführung von Beikost ist stark von der individuellen Entwicklung des Babys abhängig. Wann Ihr Kind schlussendlich soweit ist, feste Nahrung zu sich zu nehmen, können Sie als Eltern am besten beurteilen. Beobachten Sie Ihr Kind im täglichen Tagesablauf. Zeigt Ihr Baby mehrere der folgenden Eigenschaften, können Sie mit der Beikost starten:

- Ihr Baby zeigt Interesse, wenn Sie Ihre Mahlzeit einnehmen.
- Ihr Kleines hat genügend Kraft, um mit wenig Hilfe aufrecht zu sitzen und den Kopf ohne Hilfe zu halten.

- Es kommen die ersten Zähne (jedoch nicht unbedingt notwendig), der Saugreflex lässt nach.
- Ihr Baby beginnt, sich alles in den Mund zu stecken und versucht sich selbst etwas vom Tisch zu nehmen.
- Es öffnet den Mund und spitzt die Lippen.
- Die Nahrung wird nicht mehr ausgespuckt.

Falls Sie das Gefühl bekommen, Sie hätten zu früh begonnen und Ihr Kind isst sehr zögerlich, so setzen Sie ein paar Tage aus und beginnen erst nach einer Woche wieder. Sie werden merken, das Essen wird dadurch gleich wieder interessanter.

Morgens, mittags oder abends? Der Zeitpunkt für die erste Breimahlzeit ist Ihnen als Eltern selbst überlassen. Wählen Sie die Tageszeit aus, die für Sie im Familienalltag am passendsten ist. Erfahrungsgemäß eignet sich die Mittagsmahlzeit am besten. So hat das Baby am Nachmittag Zeit, sich an die neuen Lebensmittel zu gewöhnen. Denn der Brei ist für den kleinen Körper noch ungewohnt.

Vielfältige Ernährung

Bieten Sie Ihrem Kind bereits in den ersten Beikostmonaten eine gesunde Vielfalt an Speisen an. Gewöhnen Babys sich frühzeitig an verschiedene Geschmacksrichtungen und an gesunde Lebensmittel, können sie diese auch später besser akzeptieren.

Der Gemüse-Kartoffel-Fleisch-Brei als erste komplette Beikostmahlzeit bietet viele Möglichkeiten zur Abwechslung. Nachdem sich Ihr Baby gut an das Essen vom Löffel gewöhnt hat und die Mahlzeit stufenweise eingeführt wurde, können Sie täglich für Vielfalt auf dem Löffel sorgen: sei es in der Auswahl der Gemüsearten, dem Fleisch oder den stärkehaltigen Beilagen (siehe Seite 22–23).

Bleiben Sie auch bei zunächst abgelehnten Zutaten am Ball. In der Regel muss man einem Kind 10 bis 16 Mal ein neues Lebensmittel anbieten, bis es sich daran gewöhnt hat und es akzeptiert. Bieten Sie den Brei einfach immer wieder an, aber zwingen Sie Ihr Baby nicht ihn zu essen.

In kleinen Schritten

Für die Einführung und Zusammensetzung der Breimahlzeiten hat sich das Schema des Ernährungsplans für das 1. Lebensjahr (siehe Abbildung) bewährt. Hier wird in etwa monatlichen Abständen jeweils eine Milchmahlzeit durch eine Beikostmahlzeit ersetzt. Doch die hier angegebenen Zeitpunkte für die Einführung neuer Mahlzeiten sind nicht als fixe Altersangaben zu verstehen, sondern als Orientierungswerte, die Spielraum zur Berücksichtigung der individuellen kindlichen Entwicklung lassen.

Die Beikostempfehlungen gelten sowohl für gestillte als auch nicht gestillte Kinder, die stoffwechselgesund und reif geboren sind. Für Frühgeborene, Kinder mit einer Allergie oder anderen Erkrankung gilt: Sie können mit der Beikost beginnen, sollten aber auf jeden Fall im Gespräch mit dem Kinderarzt bleiben. Ein späterer Start in die Beikost ist allerdings nicht sinnvoll.

Den Anfang macht ein Gemüse-Kartoffel-Fleisch-Brei am Mittag. Etwa einen Monat später ersetzt dann ein Milch-Getreide-Brei die Milchmahlzeit am Abend. Wieder einen Monat später kommt ein Getreide-Obst-Brei am Nachmittag dazu. Gegen Ende des 1. Lebensjahrs erfolgt der Übergang zur Familienkost. Allmählich wird der Mittagsbrei durch das warme Essen der Familie ersetzt. Statt der Milchmahlzeit am Morgen gibt es jetzt Brot mit etwas Obst oder Rohkost. Der Getreide-Obst-Brei geht nach und nach in zwei Zwischenmahlzeiten über, die klassischerweise vormittags und nachmittags

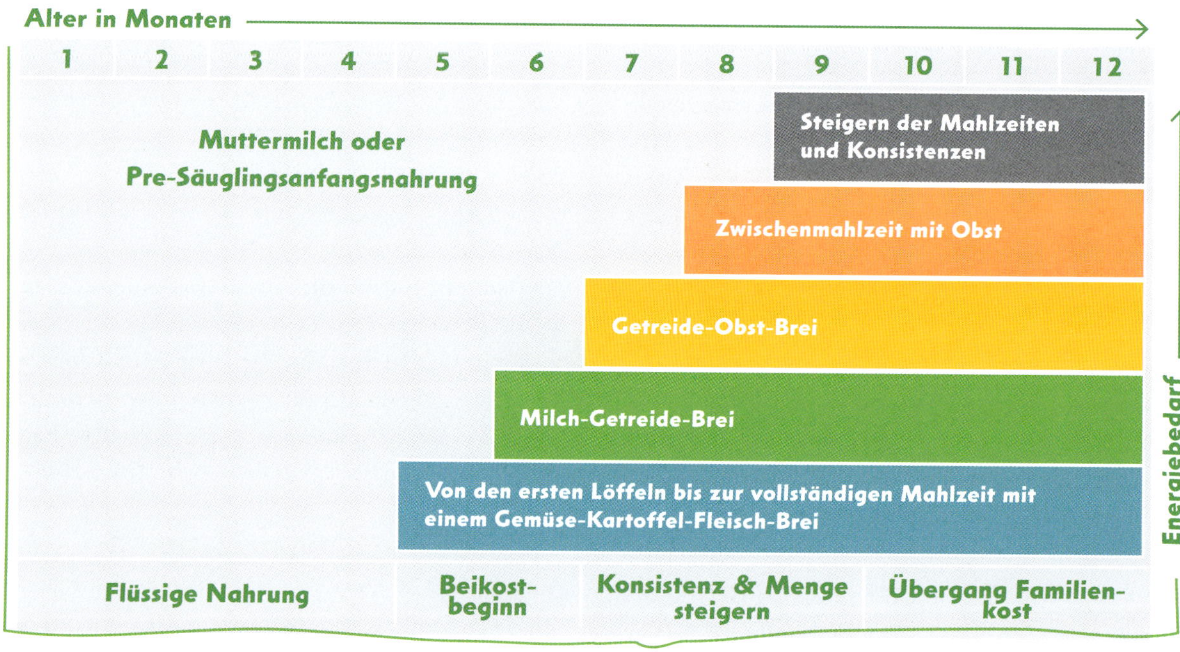

Den Anfang macht ein Gemüse-Kartoffel-Fleisch-Brei am Mittag. Nach und nach folgen dann der Milch-Getreide-Brei am Abend und der Getreide-Obst-Brei am Nachmittag. Gegen Ende des 1. Lebensjahrs erfolgt der Übergang zur Familienkost.

Der Weg zur ersten vollständigen Breimahlzeit (Mittagsbrei)

Gemüsebrei	Gemüse-Kartoffel-Brei	Gemüse-Kartoffel-Fleisch-Brei
Anfangs 2 bis 3 Löffelchen fein püriertes Gemüse, langsame Steigerung auf 50 bis 100 g Gemüse pro Mahlzeit	100 g Gemüse 50 g Kartoffel 10 g Rapsöl	100 g Gemüse 50 g Kartoffel 25 bis 30 g Fleisch 10 g Rapsöl, nach Bedarf Wasser
Dauer: 1 bis 2 Wochen	Dauer: 1 bis 2 Wochen	

gegeben werden. Diese Mahlzeiten sollten aus einer Getreidekomponente, wie Brot oder Vollkornkeks, und Obst bestehen. Wenn Ihr Kleines schon kauen kann, geht auch Gemüserohkost.

Einstieg in die Beikost (Mittagsbrei)

Gestartet wird mit 2 bis 3 Löffelchen fein püriertem Gemüse. Traditionell wird hierzulande mit Karotte begonnen. Sie hat sich seit Jahrzehnten in der Säuglingsernährung bewährt, ist gut bekömmlich, mild im Geschmack und wird von Babys wegen des leicht süßlichen Geschmacks gut angenommen. Denn der Mensch hat eine angeborene Vorliebe für süße Speisen. Weitere süß schmeckende Gemüsearten sind Kürbis und Pastinaken. Hier liegt die Akzeptanz, sich der neuen Konsistenz und dem Füttern vom Löffel zu öffnen, meist am höchsten.

Nach dem Gemüse bekommt Ihr Baby wie gewohnt Milch, bis es satt ist. Akzeptiert Ihr Kind den Brei gut, steigern Sie die Gemüsemenge täglich um ein paar Löffelchen. Wenn Ihr Kind 8 bis 10 Löffelchen isst, können Sie die Milchmahlzeit danach weglassen. Falls Ihr Baby das Gemüse nicht sofort akzeptiert, haben Sie Geduld. Versuchen Sie es über mehrere Tage immer wieder. Ihr Kind muss sich erst an den Löffel und den neuen Geschmack gewöhnen.

Nach 1 bis 2 Wochen wird der Gemüsebrei mit einer Stärkezutat erweitert. Hier können die Mengen bereits etwas größer gewählt werden (100 Gramm Gemüse plus 50 Gramm Kartoffel). Hat sich Ihr Baby auch daran gewöhnt – das dauert in der Regel wiederum etwa 1 bis 2 Wochen – können Sie zum Gemüse-Kartoffel-Fleisch-Brei (Mittagsbrei) übergehen. Dieser setzt sich aus vier Zutaten zusammen:

Gemüse: Die Auswahl ist groß. Variieren Sie und bieten Sie Ihrem Kleinen eine große Vielfalt an Gemüsearten an. Neben den typischen Arten wie Karotte oder Pastinake eignen sich auch Zucchini, Blumenkohl, Brokkoli sowie Fenchel, Spinat, Kohlrabi oder Paprika.

Stärkehaltige Zutat: Klassischerweise startet man mit Kartoffeln. Stattdessen können auch andere stärkehaltige Zutaten wie Reis, Hirse, Couscous, Nudeln oder Süßkartoffel verwendet werden. Glutenhaltiges Getreide muss nicht gemieden werden, sollte aber zunächst nur in kleinen Mengen gegeben werden (siehe Seite 19).

Fleisch/Eiweißhaltige Zutat: Verwenden Sie magere Teilstücke. Rindfleisch liefert besonders viel Eisen und Zink, aber auch Kalb, Schwein, Lamm oder Geflügelfleisch eignen sich. Alternativ können Sie einmal pro Woche fettreichen Fisch, wie Lachs, Forelle und Saibling, geben. Desweitern kann einmal wöchentlich ein kleines Ei oder zweimal wöchentlich 85 Gramm gekochte Hülsenfrüchte wie Linsen oder Bohnen anstelle des Fleisches verwendet werden.

Fett: Rapsöl eignet sich aufgrund seiner ausgewogenen Fettsäurenzusammensetzung besonders gut. Auch Lein-, Walnuss-, Soja-, Weizenkeim- oder Olivenöl kann verwendet werden.

Milch-Getreide-Brei (Abendbrei)

Hat sich Ihr Kind an den Gemüse-Kartoffel-Fleisch-Brei gewöhnt, kann eine weitere Milchmahlzeit durch Brei ersetzt werden. Anstelle der abendlichen Milchmahlzeit wird nun einen Milch-Getreide-Brei gegeben. Dieser besteht aus drei Zutaten:

Milch: Es eignet sich Vollmilch mit 3,5 % Fett. Ob pasteurisierte Milch oder H-Milch ist dabei egal, nur Rohmilch ist nicht für Säuglinge geeignet. Der Fettgehalt ist besonders wichtig, da der Bedarf an Fett im 1. Lebensjahr besonders hoch ist. Alternativ kann auch Säuglingsanfangsnahrung verwendet werden. Liegt das Alter des Kindes unter 6 Monaten, kann zunächst anstelle von Milch auch Wasser verwendet werden.

Rezept für den Milch-Getreide-Brei

Zutaten
200 g Vollmilch oder Säuglingsanfangsnahrung
20 g Getreide(flocken) wie Hafer, Dinkel, Weizen, Hirse, Kamut, Emmer oder Einkorn
20 g Obst der Saison wie Kirschen, Pflaumen

Getreide: Verwenden Sie möglichst Vollkornprodukte. Empfehlenswert sind Flocken und Grieß aus Hafer, Dinkel, Weizen oder Hirse. Auch Kamut, Emmer oder Einkorn können zum Einsatz kommen.

Obst: Wählen Sie am besten frisches Obst der Saison wie z. B. Äpfel, Birnen, Aprikosen, Nektarinen und Pfirsiche.

Zu Beginn sind jeweils eine Getreideart und eine Obstart völlig ausreichend. Später können Sie mehrere Getreide- und Obstarten mischen.

Getreide-Obst-Brei (Nachmittagsbrei)

Etwa 2 bis 4 Wochen später wird die nächste Milchmahlzeit durch einen milchfreien Getreide-Obst-Brei ersetzt. Die Nachmittagsmahlzeit enthält nicht nur besonders viele Vitamine, sondern ist auch eiweißarm. Dadurch ergänzt sie die beiden eiweißreichen Breie (Mittags- und Abendbrei) optimal. Der Getreide-Obst-Brei besteht aus drei Zutaten:

Getreide: Hier eignen sich wie beim Milch-Getreide-Brei besonders Flocken oder Grieß, bevorzugt als Vollkornvariante.

Obst: Wie schon beim Milch-Getreide-Brei sollte hier möglichst Obst der Saison verwendet werden, z. B. Äpfel, Birnen, Pfirsiche, Aprikosen, Kirschen, Pflaumen oder Erdbeeren.

Optional Zugabe von Fett: Vom Forschungsinstitut für Kinderernährung in Dortmund wird zusätzlich noch eine Fettkomponente empfohlen. Hier eignen sich Raps-, Soja-, Lein-, Walnuss-, Oliven- oder Weizenkeimöl.

Rezept für den Getreide-Obst-Brei

Zutaten
90 g Wasser
20 g Getreide(-flocken) wie Hafer oder Hirse
100 g Obst der Saison wie Äpfel, Birnen, Aprikosen, Pfirsiche oder Erdbeeren
5 g Öl wie Raps-, Lein-, Walnuss-, Soja-, Weizenkeim- oder Olivenöl (optional)

Fingerfood

Hat sich Ihr Kind bereits mit den ersten Zähnchen geplagt, so kann es langsam in Richtung Kauen und Beißen gehen. Kochen Sie anfänglich Gemüse weich und geben Sie es Ihrem Kind in die Hand. Auch Obst und Gebäck können die Kleinen sehr schnell im Mund zerdrücken. Gerne nehmen die Babys Nudeln oder Kartoffelstücke in die Hand.

Beim Kauen und Schlucken trainiert Ihr Baby die koordinierten Bewegungen des Kauapparates und der Zunge sowie der Muskulatur und macht sich dabei fit für das Sprechenlernen. Und Fingerfood erleichtert auch den Übergang zur Familienkost.

Übergang zum Familienessen

Etwa ab dem 10. Monat geht die spezielle Säuglingsernährung allmählich in das übliche Familienessen über. Aus den etwa gleich großen Breimahlzeiten und den restlichen Milchmahlzeiten werden nun drei größere Hauptmahlzeiten – Frühstück, Mittagessen und Abendessen – und zwei kleinere Zwischenmahlzeiten.

Setzen Sie deshalb Ihren Sprössling immer zu den Mahlzeiten mit an den Tisch. Bieten Sie ihm eine kindgerechte Variante des Familienessens an. Bei Spaghetti bolognese zweigen Sie beispielsweise eine noch ungewürzte Portion der Sauce für Ihr Kleines ab, die Sie über seine Nudeln geben. Kräuter wie Petersilie, Basilikum, Oregano können beigemengt werden.

Doch auch hier kommt es wieder darauf an wie weit Ihr Kind schon ist. Manche Kinder sind besonders neugierig und möchten ganz schnell das Gleiche wie die Eltern oder die Geschwister essen. Andere sind eher kaufaul und beäugen neue Lebensmittel und Speisen skeptisch. Dann geben Sie Ihrem Kind noch ein wenig länger seinen Brei und seine Milch. Bieten Sie ihm einfach immer mal wieder etwas vom Familienessen an.

Die richtige Konsistenz

Zu Beginn der Beikost sollte der Brei fein püriert werden. Wenn Ihr Baby zwischen 7 und 9 Monate alt ist, kann die Konsistenz etwas stückiger werden. Die Umstellung von pürierter auf stückige Nahrung ist jedoch ein großer Schritt für Ihr Kind. Manche Babys machen diesen begeistert mit, andere dagegen lehnen die neue Konsistenz strikt ab und bevorzugen weiterhin weiche, passierte Nahrung. Stückige Nahrung zu akzeptieren ist aber eine wichtige Voraussetzung für die Zahngesundheit und Sprachentwicklung. Darüber hinaus haben Studien gezeigt, dass Kinder, die nach 9 Monaten zum ersten Mal Speisen festerer Konsistenz zu essen bekommen haben, im Alter von 7 Jahren weniger von den Lebensmittelgruppen „Gemüse“ und „Obst“ essen und mehr Probleme im Essverhalten aufweisen als Kinder, die bereits zwischen 6 und 9 Monaten texturierte, sprich grob pürierte, Lebensmittel zu sich genommen haben. Versuchen Sie daher, Ihr Kind zum Kauen anzuregen. Machen Sie es langsam mit der neuen Konsistenz vertraut, in-

Gedünstetes, fein Püriertes
(Beikostbeginn)

Auflösbares, grob Püriertes, feste geriebene Nahrung
(6. bis 9. Monat)

Klein Geschnittenes, Gewürfeltes oder Gehacktes
(9. bis 12. Monat)

dem Sie es langsam daran gewöhnen. Bieten Sie ihm zum Beispiel einen Teil des Breis fein püriert an, den anderen grob püriert oder mit kleinen Stückchen. Wenn Ihr Kind eine bestimmte Konsistenz nicht mag, warten Sie ein paar Tage und versuchen Sie es dann erneut.

Getränke – wann und was?

In den ersten Monaten ist neben dem Stillen beziehungsweise der Säuglingsanfangsnahrung keine zusätzliche Flüssigkeit notwendig. Nur bei äußerst großer Hitze, starkem Schwitzen sowie bei Fieber können Sie Ihrem Kind zusätzliche Flüssigkeit in Form von Wasser oder ungesüßtem Tee anbieten.

Je mehr feste Nahrung Ihr Baby bekommt, desto wichtiger wird das Thema Trinken. Mit Beginn der Beikost können Sie Ihrem Kleinen zusätzlich Flüssigkeit anbieten. Spätestens mit Übergang zur Familienkost, also etwa um den 10. Monat, benötigt Ihr Kind regelmäßig zusätzliche Flüssigkeit in Form von frischem Leitungswasser, stillem Mineralwasser oder ungesüßten Tees. Verwenden Sie herkömmliche milde Teesorten wie Kräuter-, Malven- oder Fencheltee. Besondere Kindertees sind nicht nötig. Wenn Sie Leitungswasser verwenden, achten Sie darauf, dass der Nitratgehalt unter 50 mg/l liegt, dies entspricht den Vorgaben für Trinkwasserqualität. Bei Mineralwasser, ist auf den Zusatz „geeignet für die Zubereitung von Säuglingsnahrung" zu achten. Ein spezielles Babywasser ist jedoch nicht notwendig.

Insgesamt brauchen Babys im 2. Lebenshalbjahr etwa 400 Milliliter Flüssigkeit pro Tag in Form von Getränken. Hierzu zählen auch Muttermilch beziehungsweise Säuglingsmilchnahrung.

Am besten bieten Sie Getränke zwischen, zu oder nach den Mahlzeiten an, aber nicht kurz vor dem Essen, weil dies den Appetit einschränkt.

Lassen Sie Ihr Kind aus einer Schnabeltasse oder einem Becher trinken und weniger aus dem Nuckelfläschchen. Denn jedes Getränk kann durch häufiges oder andauerndes Nuckeln aus der Flasche Zahnschäden verursachen.

Trinken will gelernt sein: Das Trinken muss Ihr Kind wie das Essen erst erlernen. Bieten Sie ihm daher Flüssigkeit an, aber zwingen Sie es nicht zum Trinken. Seien Sie ein gutes Vorbild. Trinken Sie immer wieder selbst vor Ihrem Kleinen und wählen Sie ebenfalls Mineral- und Leitungswasser sowie ungesüßten Tee. Kinder lernen alles von ihren Vorbildern.

Mahlzeiten im 1. Lebensjahr

Schrittweise werden die Mahlzeiten an die Familiengewohnheiten angeglichen. Bis zum Ende des 1. Lebensjahres sollte es sich bei 5 Mahlzeiten, 3 Haupt- und 2 Zwischenmahlzeiten, einpendeln. Der Zeitpunkt der einzelnen Mahlzeiten kann beliebig gewählt werden.

Um den 6. Monat. Eine Milchmahlzeit wird durch den Mittagbrei ersetzt. Begonnen wird mit ein paar Löffelchen Gemüsebrei, bis nach 2 bis 4 Wochen eine vollständige Breimahlzeit eingeführt ist.

Frühstück	Muttermilch/Pre-Nahrung
Zwischenmahlzeit	Muttermilch/Pre-Nahrung
Mittagessen	Mittagsbrei (Gemüse-Kartoffel-Fleisch-Brei)
Zwischenmahlzeit	Muttermilch/Pre-Nahrung
Abendmahlzeit	Muttermilch/Pre-Nahrung

Um den 7. bis 8. Monat. Die Milchmahlzeit am Abend wird durch einen Milch-Getreide-Brei ersetzt.

Frühstück	Muttermilch/Pre-Nahrung
Zwischenmahlzeit	Muttermilch/Pre-Nahrung
Mittagessen	Feinpürierter Mittagsbrei, mit Fleisch, Fisch oder als vegetarische Variante
Zwischenmahlzeit	Muttermilch/Pre-Nahrung
Abendmahlzeit	Milch-Getreide-Brei

Um dem 8. Monat. Als Zwischenmahlzeit ersetzt nun ein Getreide-Obst-Brei die Milchmahlzeit am Nachmittag. Gleichzeitig muss der Brei nicht mehr ganz so fein püriert werden (siehe Seite 15).

Frühstück	Muttermilch/Pre-Nahrung
Zwischenmahlzeit	Muttermilch/Pre-Nahrung
Mittagessen	Stückiger Mittagsbrei, mit Fleisch, Fisch oder als vegetarische Variante
Zwischenmahlzeit	Getreide-Obst-Brei
Abendmahlzeit	Milch-Getreide-Brei

Um dem 9. bis 10. Monat. Der Übergang zum Essen am Familientisch steht an. Nach und nach werden auch die restlichen Milchmahlzeiten durch feste Nahrung ersetzt.

Frühstück	Milch-Getreide-Brei/Brot
Zwischenmahlzeit	klein geschnittenes Obst, Gemüse oder Snacks (siehe Rezeptteil ab Seite 116)
Mittagessen	Familienessen (nicht/wenig gewürzt) und Fingerfood
Zwischenmahlzeit	Getreide-Obst-Brei, klein geschnittenes Obst, Gemüse oder Snacks (siehe Rezeptteil ab Seite 116)
Abendmahlzeit	Familienessen in kleinen Stücken, Rohkost zum Knabbern

Was braucht mein Baby?

Allgemein gilt, dass eine große Vielfalt angeboten werden sollte, damit die Zufuhr von allen wichtigen Nährstoffen gewährleistet wird. Gleichzeitig führt eine große Vielfalt am Speiseplan zu einer höheren Akzeptanz der Mahlzeiten und bietet einen größeren Schutz vor Allergien. Bieten Sie Ihrem Kind daher ganz ohne Zwang verschiedene Lebensmittel an. Werden neue, unbekannte Gerichte nicht angenommen, probieren Sie es ein paar Tage später wieder.

Eisen- und Zinkbedarf

Mit der Geburt wird dem Baby ein Eisenspeicher mit auf den Weg gegeben, der ihn in den ersten Lebensmonaten zusammen mit Eisen aus der Muttermilch beziehungsweise Säuglingsanfangsnahrung gut versorgt. Durch das Wachstum und die damit verbundene Zunahme des Blutvolumens steigt der Eisenbedarf. Ab dem 6. Lebensmonat kann dieser Bedarf nicht mehr über die Milch abgedeckt werden, und Eisen muss über die Nahrung ständig zugeführt werden. Auch der Zinkgehalt der Muttermilch nimmt ab, sodass der Bedarf nach und nach über Beikost gedeckt werden muss. Die empfohlene Zufuhr für Säuglinge von 4 bis 12 Monate liegt bei 8 mg Eisen/Tag und 2,0 mg Zink/Tag.

Gut verfügbare Eisen- und Zinkquellen sollten daher schon zu Beginn der Beikost verwendet werden. Deshalb ist die Gabe einer Mahlzeit mit Fleisch, Fisch, Hülsenfrüchten oder Ei einmal täglich sinnvoll. Als besonders Eisen- und Zinkreich gelten Rind-, Kalb- und Schweinefleisch sowie Vollkorngetreide und Hülsenfrüchte.

Um die Eisenaufnahme aus pflanzlichen Quellen zu verbessern, sollte man diese gemeinsam mit Vitamin C-reichem Obst und Gemüse geben (siehe auch Seite 20).

Vitamin-C-Bomben: Zu den Vitamin-C-reichen Obst- und Gemüsearten (< 24 mg Vitamin C/100 g) zählen:

- Paprikaschoten, Fenchel, Brokkoli, grünes Blattgemüse, wie Spinat oder Mangold, und Kohlrabi
- Beeren, wie Himbeeren, Erdbeeren oder Heidelbeeren, Mango und Zuckermelone

Rund um das Thema Kuhmilch

Da Kuhmilch wichtige Nährstoffe wie Eisen, Jod und Kupfer nicht enthält, ist sie kein Ersatz für Muttermilch oder Säuglingsmilch. Im Rahmen der Beikost hat sie aber ihren Platz, beispielsweise im Milch-Getreide-Brei. Ab dem 6. Monat können Sie Kuhmilch mit 3,5 % Fett, Joghurt mit 3,5 % Fett oder Buttermilch in einer Menge von 100 bis 200 Milliliter einmal täglich in einem Brei anbieten. Wundern Sie sich nicht: Diese Erkenntnis ist neu, denn früher war Kuhmilch erst ab dem 2. Lebensjahr, also wenn Ihr Kind schon seinen 1. Geburtstag gefeiert hat, empfohlen. Man sollte jedoch darauf achten, dass Kuhmilch nicht gemeinsam mit einer Fleischmahlzeit angeboten wird. Die Eisenaufnahme würde dadurch beeinträchtigt.

Die Milch kann beispielsweise im Kartoffelpüree, Haferflockenbrei oder Joghurt mit Obst gegeben werden. Quark und Käse sind aufgrund des hohen Eiweiß- sowie Salzgehaltes ungeeignet. Fettreiche Milchprodukte wie Schlagsahne oder Sauerrahm sind im 1. Lebensjahr ebenfalls zu meiden. Genauso ist Milch von anderen Tierarten (Schaf, Ziege, ...) aufgrund der fehlenden Studienerkenntnisse nicht zu empfehlen. Auch Pflanzendrinks, wie Mandel- oder Reisdrink, sind nicht als Milchersatz in der Beikostphase geeignet.

Wenn der Milch-Getreide-Brei in die Brotzeit plus Milch aus der Tasse übergegangen ist, also gegen Ende des 1. Lebensjahres, können Sie Milch als Trinkmilch geben. Nach dem 1. Lebensjahr werden am Tag 300 bis 350 Milliliter naturbelassene Milch und Milchprodukte wie Joghurt, Buttermilch oder Trinkmilch empfohlen.

Fisch und Ei

Hühnereier sind eine gute Quelle für hochwertiges Eiweiß und Zink und können bereits im ersten Lebensjahr als Beikost gegeben werden. Fisch ist ein wertvoller Bestandteil einer ausgewogenen Ernährung. Fisch, wie Forelle, Saibling und Lachs, kann von Anfang an in die Beikost eingeführt werden. Seefisch ist ein wertvoller Lieferant des Spurenelementes Jod, welches für die Funktion der Schilddrüse wichtig ist. Fetter Seefisch wie Lachs enthält viele wertvolle Omega-3-Fettsäuren. Die Omega-3-Fettsäure DHA (Decosahexaensäure) ist wichtig für die Entwicklung von Gehirn- und Nervenzellen und der Sehleistung. Studien deuten sogar darauf hin, dass Fischverzehr im 1. Lebensjahr einen schützenden Effekt auf die Entwicklung allergischer Erkrankungen hat. Bei der Verwendung ist darauf zu achten, dass er grätenfrei und ausreichend erhitzt ist, d. h. für mindestens 10 Minuten bei 70 bis 80 °C gekocht wurde. Letzteres gilt auch für Eier. Beide Zutaten sollten aber mit Maß eingesetzt werden. Einmal täglich wäre zu viel.

Glutenhaltige Getreide

Gluten ist ein natürlicher Bestandteil des Eiweißes bestimmter Getreidearten (Roggen, Weizen, Gerste, Hafer, Dinkel, Grünkern, Emmer, Einkorn, Kamut). Kleine Mengen dieser Getreidearten können bereits mit Beginn der Beikost gegeben werden. Dies kann der Entstehung von Zöliakie (Glutenunverträglichkeit), Diabetes mellitus Typ 1 und Weizenallergie vorbeugen. Sowohl eine zu frühe, also vor Vollendung des 4. Lebensmonats, als auch eine zu späte Einführung, also nach Vollendung des 7. Lebensmonats, sollte vermieden werden. Zur Einführung von glutenhaltigem Getreide können Sie zum Beispiel einfach etwas Weizenmehl unter den Mittagsbrei rühren oder ein paar Nudeln dazugeben. Für glutenfreie Getreidearten wie Reis, Hirse und Buchweizen besteht keine derartige Mengeneinschränkung.

Gut zu wissen: Eine in Schweden durchgeführte Beobachtungsstudie zeigte einen starken Anstieg der diagnostizierten Zöliakie-Fälle nach einer allgemeinen Empfehlung, Gluten erst nach dem 6. Lebensmonat einzuführen. Später wurde die Empfehlung wieder dahin gehend geändert, Gluten schon am Ende des 1. Lebenshalbjahrs einzuführen. Danach konnte wieder ein Rückgang der Zöliakie-Fälle beobachtet werden.

Allergien

Bestimmte Lebensmittel, wie Fisch oder Ei, wurden lange Zeit als kritisch in Bezug auf die Entwicklung von Allergien gesehen. Es konnte aber gezeigt werden, dass durch den Kontakt mit kleinen Mengen vieler verschiedener Nahrungsmittel einer Allergie vorgebeugt werden kann. Auch für Kinder mit erhöhtem Allergierisiko (Kinder, bei denen Eltern oder Geschwister bereits eine Allergie haben) gelten nach heutigen wissenschaftlichen Erkenntnissen die gleichen Empfehlungen zum Beikoststart wie für Kinder ohne erhöhtes Allergierisiko. Wichtig dabei ist, dass Babys Zeit haben, sich an neue Lebensmittel zu gewöhnen. Die schrittweise Einführung von Beikostkomponenten wird daher empfohlen. So lässt sich leicht erkennen, welche Lebensmittel Ihr Baby gut verträgt.

Vegetarische und vegane Ernährung

Bei einer sorgfältigen Lebensmittelauswahl ist eine vegetarische Ernährung möglich. Allerdings ist hier ganz besonders auf eine ausreichende Eisen- und Zinkversorgung zu achten. Kinder im 1. Lebensjahr haben aufgrund ihres schnellen Wachstums einen höheren Bedarf an diesen Nährstoffen als in jeder späteren Entwicklungsphase. Bezogen auf ihr Körpergewicht brauchen Babys etwa 6-mal so viel Eisen und 4-mal so viel Zink wie ein Erwachsener.

Möchten Sie auf Fleisch verzichten, ersetzen Sie die Fleischkomponente durch pflanzliche Zutaten mit natürlichem Eisen wie Vollkorngetreide, Hülsenfrüchte, ausgewählte Gemüsearten oder Amaranth. Ansonsten orientiert sich die Lebensmittelauswahl am allgemeinen Beikostschema (siehe Seite 12). So stellen Sie sicher, dass Ihr Kind ausrei-chend mit allen Nährstoffen versorgt ist, die es für eine optimale Entwicklung benötigt.

Von einer veganen Ernährung (rein pflanzliche Ernährung ohne Gabe von Milch und Ei) raten Fachgesellschaften wie die Österreichische Agentur für Ernährungssicherheit (AGES) und die Deutsche Gesellschaft für Ernährung (DGE) während der Schwangerschaft, Stillzeit und im gesamten Kindes- und Jugendalter dringend ab. Das Risiko einer Unterversorgung beziehungsweise eines Mangels ist in diesen Lebens-

Gut versorgt mit Eisen: Eisen aus pflanzlichen Lebensmitteln ist deutlich schlechter verwertbar als Eisen aus Fleisch. Vitamin C verbessert die Aufnahme von pflanzlichem Eisen. Die Deutsche Gesellschaft für Ernährung empfiehlt daher etwas Vitamin-C-reichen Saft im Brei oder ein paar Löffel Obst zum Nachtisch. Der fleischfreie Brei sollte auch möglichst milchfrei sein, damit die Bioverfügbarkeit des Eisens durch die Milch nicht weiter vermindert wird.

abschnitten deutlich höher als bei gesunden Erwachsenen. Bei einer veganen Kost ist die Versorgung mit folgenden Nährstoffen nicht oder nur sehr schwer möglich:

- Vitamine: Vitamin B12, Vitamin B2, Vitamin D
- Mineralstoffe: Kalzium, Eisen, Jod, Zink, Selen
- Proteine beziehungsweise unentbehrliche Aminosäuren

Ein Mangel an wichtigen Nährstoffen kann langfristig zu Entwicklungsrückständen führen, wenn diese nicht frühzeitig erkannt werden. Es empfiehlt sich deshalb eine individuelle Ernährungsberatung, wenn Sie Ihr Kind vegetarisch oder vegan ernähren wollen.

Nicht geeignete Lebensmittel für die Beikost

- Honig: Dieser kann Keime eines Bakteriums (Clostridium botulinum) enthalten, welche sich im kindlichen Darm ansiedeln und dort ein gefährliches Gift bilden können. Die Verwendung von Honig wird daher erst nach dem 1. Lebensjahr empfohlen.
- Gerichte, die rohes Fleisch, rohes beziehungsweise nicht hartgekochtes Ei oder rohen Fisch enthalten. Hier besteht die Gefahr einer Salmonelleninfektion.
- Salz und salzhaltige Lebensmittel (Knabbereien, Schinken, Speck …).
- Scharfe Gewürze wie Pfeffer oder Chili.
- Fettreduzierte Lebensmittel.
- Zucker und zuckerreiche Lebensmittel (Süßigkeiten, Limonaden, unverdünnte Obst- und Gemüsesäfte …). Zum Zucker zählen neben Rohr-, Rüben- und Haushaltszucker unter anderem auch Fruchtzucker, Traubenzucker, Agavendicksaft und Sirupe.
- Kleine Lebensmittel wie Samen, Körner, Nüsse, Beeren und Hülsenfrüchte in unverarbeiteter Form, Bonbons, Kaugummis sowie Fisch mit Gräten – diese können verschluckt werden und so eine akute Erstickungsgefahr auslösen.
- Lebensmittel, die die Aufschrift „Kann Aktivität und Aufmerksamkeit bei Kindern beeinträchtigen“ tragen.
- Alkohol sowie koffein- beziehungsweise teeinhaltige Getränke wie Kaffee, Grün- und Schwarztee oder Limonaden.

1-2-3-4 Mittagsbrei

Einen optimal zusammengesetzten Mittagsbrei zu zaubern, ist ganz leicht. Die einzelnen Komponenten ergänzen sich ideal und lassen sich vielfältig kombinieren.

1. Fit mit Gemüse – Treiben Sie es kunterbunt!

Bringen Sie Abwechslung ins Spiel! Unterschiedliche Variationen fördern die spätere Akzeptanz neuer Lebensmittel.

- Süße Gemüsearten, wie Karotten, Kürbis, Brokkoli und Pastinaken, eignen sich wunderbar für den ersten Brei.
- Fenchel, Kohlrabi, Zucchini und Spinat schmecken ebenfalls sehr gut im Fleisch-Gemüse-Brei.

2. Stärkehaltige Beilage – Vielfalt macht Appetit auf mehr!

Auch bei der stärkehaltigen Beilage ist Vielfalt angesagt. Bieten Sie Ihrem Kind immer wieder neue Geschmäcker an.

- Kartoffeln, Hirse- oder Reisflocken sind ideal für den ersten Brei.
- Nudeln, Couscous, Bulgur oder Reis (bevorzugt als Vollkorn) sowie Hafer- und Dinkelflocken sorgen für eine gute Verdauung und beugen Verstopfungen vor.

3. Eiweiß – Ideal für die Muskelkraft!

Täglich sollte eine Portion hochwertiges Eiweiß in Form von Fleisch, Fisch, Eiern oder Hülsenfrüchten gegeben werden. Es reichen schon kleine Mengen, um den Bedarf zu decken, z. B. 30 Gramm Fleisch oder Fisch, ein kleines Ei (etwa 50 Gramm) oder 85 Gramm gekochte Hülsenfrüchte. Sorgen Sie bei Fleisch, Fisch und Ei für ein ausreichendes Erhitzen. Die Kerntemperatur sollte für mindestens 10 Minuten bei 70 bis 80 Grad liegen. Wechseln Sie die Eiweißquellen ab:

- Magere Teilstücke von Rind, Schwein, Huhn, Pute, Kalb oder Lamm liefern neben Eiweiß auch wertvolles Eisen für die Sauerstoffversorgung der Kleinen.
- Heimische Fische, wie Forelle oder Saibling, sowie Lachs aus nachhaltiger Fischerei oder Aquakultur, enthalten hochwertiges Eiweiß.
- Hühnereier liefern nicht nur Eiweiß, sondern sind auch ein wertvoller Zinklieferant und sorgen somit neben Fleisch für das Zellwachstum.
- Hülsenfrüchte wie Linsen, Kichererbsen, Bohnen und Erbsen bringen als pflanzliche Eiweißlieferanten Abwechslung in den Speiseplan.

4. Öle – Gut für schlaue Köpfe!

Hochwertige Öle und Fette sind für die Entwicklung Ihres Kindes wichtig. Sie haben einen Einfluss auf die motorischen Fähigkeiten, die Entwicklung des Sehsinnes und die Entwicklung des Gehirns.

- Pro 100 Gramm Gemüse, Fleisch- oder Fischbrei empfiehlt sich die Zugabe von einem Teelöffel Raps-, Oliven-, Walnuss-, Soja-, Weizenkeim- oder Leinöl zu den Hauptmahlzeiten.
- Fettreiche Fische, wie Lachs oder Makrele, liefern die langkettigen Omega-3-Fettsäuren EPA (Eikosapentaensäure) und DHA (Dekosahexaensäure).

Tipps aus der Praxis

Das 1. Lebensjahr eines Kindes ist immer eine Herausforderung, was das Essen betrifft. Bei der Umstellung auf Beikost möchte man als Eltern alles richtig machen. Die folgenden Tipps sollen Ihnen das Leben in dieser spannenden Zeit etwas leichter machen.

Nur die besten Zutaten

Viele Eltern stellen sich die Frage: Bio oder nicht Bio? Wenn Sie die Wahl haben, bevorzugen Sie Bioprodukte und kaufen Sie möglichst regional und saisonal. Obst und Gemüse aus konventionellem Anbau sollten Sie vor der Verwendung schälen. Hier dürfen beim Anbau mehr Pflanzenschutzmittel eingesetzt werden, die sich an der Schale sammeln können. Beim Schälen gehen jedoch auch wichtige Nährstoffe verloren. Auch die Frische ist besonders wichtig: Denn je frischer die Lebensmittel sind, desto mehr Nährstoffe liefern sie. Bevorzugen Sie im Winter Tiefkühlgemüse. Dies wird nach der Ernte sofort blanchiert und schockgefroren, und behält so alle Vitamine und Mineralstoffe. Achten Sie nur darauf, dass Sie Gemüse ohne Gewürzmischungen, Salz oder Milchzutaten kaufen.

Vorkochen

Manchmal muss es in Sachen Mittagsbrei schnell gehen. Ihr Kleines ist müde und will nur auf Ihrem Arm bleiben oder der Hunger macht es unruhig und quengelig. Dann ist es gut, wenn man auf einen Vorrat an selbstgekochtem Brei oder den ein oder anderen Snack zurückgreifen kann.

Breivorrat anlegen: Nehmen Sie sich etwas Zeit – am besten wenn Ihr Baby schläft. Kochen Sie dann gleich größere Mengen an Brei. Bevor der Brei eingefroren wird, sollte er immer ganz abkühlen, am besten abgedeckt, damit sich keine Keime bilden können. Danach den Brei komplett verschließen und einfrieren. In den ersten Beikost-Wochen eignen sich Eiswürfelbehälter ideal zum Einfrieren des Breis, da ein Baby anfangs nur wenige Löffel Brei isst. So lässt sich der Brei optimal dosieren: Einfach die gewünschte Menge an Eiswürfeln erwärmen. Wenn die Portionen größer werden, eignen sich beispielsweise kleine Kunststoffdosen zum Einfrieren.
Auch wenn Ihr Kind mal keinen Hunger hat und Brei übrig bleibt, ist das kein Problem – Sie können den Brei im Kühlschrank 24 Stunden aufbewahren oder Sie frieren ihn auch einfach ein. Bei -18 Grad hält er sich bis zu zwei Monate.

Brei ruckzuck auftauen: Nehmen Sie den Brei am besten schon morgens aus dem Tiefkühlfach und lassen Sie ihn im Kühlschrank auftauen. Wenn es schnell gehen soll, können Sie den gefrorenen Brei aber auch direkt im Wasserbad auftauen: Dazu wird der Breibehälter ohne Deckel einfach in einen Topf mit heißem Wasser gestellt und unter Rühren erwärmt. Selbst-

Wichtig: Eingefrorener Brei darf nach dem Auftauen nicht nochmals eingefroren werden. Tiefgekühlte Grundnahrungsmittel wie Fleisch und Gemüse können nach dem Erhitzen wieder tiefgefroren werden.

verständlich können Sie den Brei auch in einem Topf bei schwacher Hitze erhitzen. Achten Sie darauf, dass der Brei nochmal richtig heiß wird, damit alle Keime abgetötet sind. Danach den Brei wieder auf Babytemperatur abkühlen lassen, damit Ihr Kleines sich nicht verbrennt.

Für unterwegs: Wenn Sie länger unterwegs sind, sollten Sie ein paar gesunde Snacks als Zwischenmahlzeit dabei haben. Die Getreide-Obst-Stangen (Rezept Seite 122) eignen sich sehr gut als Getreide-Obst-Brei-Ersatz für unterwegs. Die Stangen einfach portionsweise einfrieren und bei Bedarf herausholen. So haben Sie schnell eine gesunde Alternative zu Brezel und Co. zur Hand. Das gleiche gilt auch für die Vollkorn-Gemüse-Stangen und die Dinkel-Vollkorn-Stangen (Rezepte siehe Seite 120 und 96).

Hilfe, das Bäuchlein zwickt

Beim Wechsel zu fester Kost ist es ganz normal, dass der Stuhl sich verändert und fester wird. Solange sich Ihr Baby wohlfühlt und zufrieden ist, müssen Sie sich keine Gedanken machen.
Bei Verstopfung sollten Sie vorübergehend keine Karotten und keinen weißen Reis mehr für die Breimahlzeit verwenden. Beide Zutaten haben eine stuhlfestigende Wirkung. Werten Sie stattdessen die Breimahlzeiten mit Hülsenfrüchten oder Vollkornprodukten auf. Diese liefern wertvolle Ballaststoffe, die den Stuhl weicher werden lassen. Sorgen Sie gleichzeitig auch für ausreichend Flüssigkeit in Form von Wasser oder ungesüßtem Tee. Leichte Bauchmassagen im Uhrzeigersinn, das Auflegen eines warmen Dinkel-, Hafer- oder Kirschkernkissens oder ein warmes Bad können ebenfalls Linderung bringen. Isst Ihr Kind bereits Fingerfood, so geben Sie ihm täglich rohes Obst und Gemüse.

So klappt's mit dem Essen

Es wird immer wieder mal Phasen geben, in denen es mit dem Essen nicht so recht klappen will. Folgende Tipps helfen Ihnen, die Situation am Tisch von Anfang an zu entspannen:

- Gehen Sie mit gutem Beispiel voran. Wenn Sie kein Frühstück zu sich nehmen, können Sie es auch nicht von Ihrem Kind verlangen.
- Lassen Sie die Kleinen bei der Zubereitung Ihrer Mahlzeiten zusehen.
- Laufen Sie nicht mit dem Essen umher. Nehmen Sie gemeinsame Mahlzeiten am Familientisch ein, ohne medialen Einfluss. Kinder lieben es in Gesellschaft zu essen.
- Machen Sie sich keine Sorgen, wenn Ihr Kind heute nicht so viel gegessen hat. Kinder holen sich, was sie brauchen. Zum Essen soll nie gezwungen werden. Entscheidend sind die Gewichtsentwicklung und die Energiezufuhr im Wochendurchschnitt und nicht die einzelne Mahlzeit. Wenn Ihr Kind lebhaft umhertollt, ist es zufrieden.
- Probieren Sie zügig weitere Konsistenzen aus: Breie mit kleinen Stücken, weich gekochte Gemüse-Sticks als Fingerfood.
- Geben Sie nur eine kleine Portion auf den Teller, so haben die Kleinen einen Überblick und werden nicht überfordert.
- Setzen Sie Essen nicht als Belohnung oder Bestrafung ein.
- Führen Sie ein angenehmes Tischgespräch, Probleme sollen nicht beim Essen ausdiskutiert werden.
- Lassen Sie Ihrem Kind zwischen den Mahlzeiten auch Pausen! Es braucht Zeiten, in denen es nichts zu essen gibt. Kinder haben ein sehr ausgeprägtes Hunger- und Sättigungsgefühl, welches nicht bereits in den ersten Monaten verloren gehen sollte.

Thermomix®-Basics

Wissenswertes über den Thermomix®

Der Thermomix® ist ein wahres Multitalent. Er ist mit zwölf Funktionen ausgestattet, für die sonst viele verschiedene Geräte notwendig wären. Er kann nicht nur zerkleinern, mahlen, vermischen, mixen, rühren, schlagen, kneten und emulgieren, sondern auch wiegen, dampfgaren, kochen und kontrolliert erhitzen.
Die Rezepte aus diesem Buch können mit den Modellen TM5, TM6 und TM31 nachgekocht werden, auch wenn der TM31 ein kleineres Fassungsvermögen aufweist.

Technik und Zubehör

Der Thermomix® setzt sich aus dem Grundgerät, einem Mixtopf und dem dazugehörigen Mixtopfdeckel, einem Mixmesser, einem Rühraufsatz (Schmetterling), einem Messbecher, einem Spatel, einem Gareinsatz und dem Varoma – bestehend aus Varoma-Behälter, Varoma-Einlegeboden und Varoma-Deckel – zusammen.

Funktionen

Bei den Rezepten werden verschiedene Symbole und Stufenangaben gemacht:

Linkslauf: Taucht in den Rezepten diese Bezeichnung auf, soll die Linkslauf-Funktion des Thermomix® verwendet werden. In dieser Einstellung dreht sich das Mixmesser mit der stumpfen Seite voraus. Auf diese Weise werden die Zutaten vermischt, aber nicht zerkleinert. Wichtig: Nicht vergessen, den Linkslauf wieder zu deaktivieren, wenn er nicht mehr gebraucht wird. Das ist immer der Fall, wenn das Zeichen im nächsten Schritt nicht mehr angezeigt wird.

Varoma: Die Temperatur wird auf 100 °C gehalten, damit das Gargut von möglichst viel Dampf umgeben wird.

Knetstufe: Hierbei handelt es sich um den Teigmodus des Thermomix®. Schwere Teige werden damit gut durchgeknetet.

Sanftrührstufe: In diesem Modus werden die Zutaten sehr schonend miteinander vermischt.

Dampfgaren im Varoma

Besonders für die Babykost und die Ernährung im Kindesalter ist eine schonende Zubereitung der Speisen erstrebenswert. Dies wird am besten erreicht, indem man die Gerichte dampfgart. Bei dieser Zubereitungsart laugen die Lebensmittel nicht aus. Aromastoffe, Vitamine und Mineralstoffe werden nicht wie beim Kochen ins Kochwasser ausgeschwemmt.
Ein weiteres Plus ist, dass gedämpftes Gemüse im Gegensatz zu gekochtem viel weniger bis gar kein Fett oder Salz als Geschmacksträger beziehungsweise -verstärker benötigt. Auch optisch und in ihrer Konsistenz überzeugen Speisen aus

Mixtopfdeckel
Varoma-Behälter mit
Varoma-Deckel und
Varoma-Einlegeboden
Mixtopf
mit Mixmesser,
Gareinsatz und
Rühraufsatz
thermomix
Display
Menu
VORWERK
06 35
Min.:Sek.
37
1
Wähler
Spatel
Messbecher

dem Dampf: Die Farben leuchten in der Regel intensiver als vor dem Garen, das Gemüse bleibt schön knackig und das Fleisch saftig.

Kurz gesagt: Dampfgaren im Thermomix® ist eine großartige Möglichkeit, mit wenig Aufwand sehr gesundes Essen zu kochen.

Richtig dampfgaren im Thermomix®: Beim Dampfgaren kommt der Varoma zum Einsatz. Die zu dämpfenden Zutaten werden in den Varoma-Behälter und in den Varoma-Einlegeboden gegeben, der Varoma mit dem Varoma-Deckel verschlossen und auf den Mixtopfdeckel gesetzt. Um ein möglichst gleichmäßiges Garergebnis zu erzielen, muss man einige Schlitze am Boden des Varoma-Behälters freilassen. So kann der im Mixtopf durch Erhitzen des Wassers entstandene Dampf in den Gareinsatz und weiter in den Varoma-Behälter strömen und das Gargut von allen Seiten umhüllen. Die Temperatur liegt beim Dampfgaren bei etwa 100 °C.

Auf die Schichtung kommt es an: Schichten Sie für ein optimales Garergebnis die Zutaten in folgender Reihenfolge:

- Zutaten mit langer Garzeit in den Gareinsatz
- Zutaten mit mittlerer Garzeit in den Varoma-Behälter
- Zutaten mit der kürzesten Garzeit in den Varoma-Einlegeboden

Zeitangaben und Einstellungen

In den Rezepten werden verschiedene Zeiten angegeben:

Gar- und Rührzeiten: Die bei den Rezepten angegebenen Gar- und Rührzeiten sind Erfahrungswerte. Besonders kalte oder noch tiefgekühlte Zutaten verlängern die Garzeit. Hier die Garzeit einfach individuell anpassen. Auch die Beschaffenheit der Zutaten kann einen Einfluss haben. Zum Beispiel kann sich, abhängig davon, welches Gemüse Sie wählen, die Garzeit verlängern oder verkürzen. Daneben spielt auch der persönliche Geschmack eine Rolle. Manche mögen ihr Gemüse weicher, dann kann die Garzeit etwas verlängert werden. Wenn eine höhere Stückigkeit gewünscht ist, einfach die Zutaten auf einer niedrigerer Stufe zerkleinern oder die Zeit etwas verkürzen.

Backzeiten: Die Backzeit ist abhängig vom verwendeten Backofen und der verwendeten Backform. Im Rezeptteil angeben ist die Temperatur für Ober-/Unterhitze und in Klammern für Heißluft bzw. Umluft. Die Backzeiten beziehen sich auf einen vorgeheizten Backofen.

Reinigung des Mixtopfs: Muss der Mixtopf während des Rezepts gereinigt werden, wird dies im Rezept erwähnt.

Tipps zu den Rezepten

Wählen Sie die Zutaten möglichst saisonal, regional und naturbelassen. Und damit beim Kochen alles reibungslos klappt, legen Sie sich am besten alle Zutaten und Hilfsmittel bereit. Um Ihnen das Lesen der Zutatenlisten und der Rezepte ein wenig zu erleichtern, hier noch ein paar Tipps:

Eier: Alle in den Rezepten verwendeten Eier haben die Größe M.

Milch und Milchprodukte: Wenn nicht anders beschrieben, wird Vollmilch (3,5 % Fett), ungesalzene Butter, Sahne (Fettanteil mind. 30 %), Naturjoghurt (3,5 % Fett), Quark (20 % Fett i. Tr.) und Frischkäse (Doppelrahmstufe) verwendet.

Zutaten nach Wahl: Bei Obst und Gemüse steht bei den Rezepten häufig die Angabe „nach Wahl". Hier können Sie beliebig variieren, je nachdem welche Zutaten gerade Saison haben oder bei Ihrem kleinen Schatz gerade beliebt sind. Die in Klammern genannten Obst- und Gemüsearten sollen lediglich als Vorschlag dienen.

Optionale Zutaten: In den Rezepten werden immer mal wieder optionale Zutaten angegeben. Zum Teil werden diese Zutaten mit einer Altersangabe in Klammern ergänzt. Meist handelt es sich hierbei um Salz und Honig. Salz sollte als Würzmittel im 1. Lebensjahr so weit wie möglich vermieden werden, Honig dürfen Kinder unter 1 gar nicht essen. Die Rezepte mit optionalen Zutaten eignen sich besonders gut, um schnell ein Gericht für die ganze Familie zu zaubern. Nehmen Sie einfach eine Portion für Ihre Kleinsten auf die Seite und würzen den Rest mit den angegebenen optionalen Zutaten.

Suppengrundstock: Dieses Würzmittel taucht in sehr vielen Rezepten dieses Buches als optionale Zutat auf. Da es Salz enthält, sollte es erst zum Einsatz kommen, wenn Ihr Kleines schon 1 Jahr alt ist. Dann stellt es jedoch eine natürliche und gesunde Alternative zu dem oft gängigen Suppengewürz aus dem Supermarkt dar. Bei der Herstellung des Suppengrundstocks kommen nur Gemüse und Salz zum Einsatz, ohne jegliche Zusatzstoffe und Geschmacksverstärker, die man in den gekauften Produkten findet. Die Zubereitung geht schnell und einfach. Wenn Sie sich auch noch die Zeit nehmen, die Paste zu trocknen, haben Sie ein nahezu unbegrenzt haltbares Würzpulver (Rezepte siehe Seite 138).

Stückchengröße: Um eine gleichmäßige Zerkleinerung zu gewährleisten, sollten die Zutaten in maximal 5 x 5 Zentimeter große Stücke geschnitten werden. Also so groß, dass sie noch durch die Öffnung im Mixtopfdeckel des Thermomix® passen.

Hilfsmittel: Werden zusätzliche Hilfsmittel benötigt, die mitunter nicht zum Standardsortiment eines Haushalts gehören, werden diese in den Rezepten unter „Außerdem" aufgeführt. So kann man auf einen Blick sehen, was man braucht.

Altersangabe: Die einzelnen Rezepte sind jeweils mit einer Altersangabe versehen, die der frühesten empfohlenen Verwendung entspricht. Auch hier gilt aber wieder: Achten Sie auf die individuelle Entwicklung Ihres Kindes und schauen Sie, ob es schon so weit ist.

Nährwertangaben: Unter jedem Rezept finden Sie Nährwertangaben. Hierbei handelt es sich um durchschnittliche Werte, die Ihnen eine Orientierung geben sollen. Neben den klassischen Angaben, die man mittlerweile von den verpackten Lebensmitteln im Supermarkt kennt (Energie, Kohlenhydrate, Fett, Eiweiß), finden Sie hier zusätzlich noch Angaben zum Ballaststoff-, Eisen- und Zinkgehalt der Gerichte.

Erste Breie und Mittagsmahlzeiten

AB BEIKOST-BEGINN

Erster Gemüsebrei
(Grundrezept)

ZUTATEN FÜR 1 PORTION:

- **100 g Gemüse nach Wahl (z. B. Kürbis, Pastinaken, Karotten)**
- **250 g Wasser**
- **10 g Rapsöl**

ZUBEREITUNG:

1. Gemüse waschen, putzen, nach Bedarf schälen und in Stücke schneiden. Gemüsestücke in den Mixtopf geben und ***3 Sekunden/Stufe 5*** zerkleinern, anschließend in den Gareinsatz geben.
2. Wasser in den Mixtopf geben, Gareinsatz mit dem Gemüse einhängen und ***15 Minuten/Varoma/Stufe 1*** garen. Anschließend Gareinsatz entnehmen, Mixtopf leeren und Garflüssigkeit auffangen.
3. Inhalt des Gareinsatzes mit 70 bis 100 Gramm Garflüssigkeit, je nach gewünschter Konsistenz, und Rapsöl in den Mixtopf geben und ***30 Sekunden/Stufe 10*** pürieren.

Tipp: Legen Sie sich gleich einen kleinen Vorrat an. Dazu einfach den Brei in größerer Menge kochen, in Eiswürfelbehälter füllen und einfrieren. Dadurch können besonders zum Beikoststart, wo nur kleine Mengen gegessen werden, die einzelnen Mahlzeiten besser dosiert werden. Ganz einfach die benötigte Anzahl an Würfeln in ein Schüsselchen geben, im Wasserbad erwärmen und füttern.
Je nach Gemüsemenge ändert sich die Wasserzugabe wie folgt:

- 200 g Gemüse + 300 g Wasser/Garflüssigkeit nach Bedarf + 20 g Rapsöl
- 300 g Gemüse + 350 g Wasser/Garflüssigkeit nach Bedarf + 30 g Rapsöl
- 400 g Gemüse + 350 g Wasser/Garflüssigkeit nach Bedarf + 40 g Rapsöl

1 Portion enthält: 105 kcal, 0,9 g Eiweiß, 10 g Fett, 2,6 g Kohlenhydrate, 0,9 g Ballaststoffe, 0,5 mg Eisen, 0,2 mg Zink

AB BEIKOST-BEGINN

Kartoffel-Gemüse-Fleisch-Brei (Grundrezept)

ZUTATEN FÜR 1 PORTION:

- **50 g mehligkochende Kartoffel**
- **100 g Gemüse nach Wahl (z. B. Kürbis, Karotten, Brokkoli, Zucchini, Pastinaken, Fenchel)**
- **30 g Fleisch**
- **400 g Wasser**
- **10 g Rapsöl**

ZUBEREITUNG:

1. Kartoffel schälen, Gemüse waschen, putzen, nach Bedarf schälen. Kartoffel, Gemüse und Fleisch in Stücke schneiden. Alles in den Mixtopf geben, ***3 Sekunden/Stufe 5*** zerkleinern und in den Gareinsatz geben.
2. Wasser in den Mixtopf geben, Gareinsatz einhängen und ***15 Minuten/Varoma/Stufe 1*** garen. Anschließend Gareinsatz entnehmen, Mixtopf leeren und Garflüssigkeit auffangen.
3. Gegarte Gemüse-Fleisch-Mischung mit 80 bis 90 Gramm Garflüssigkeit, je nach gewünschter Konsistenz, und Rapsöl in den Mixtopf geben und ***30 Sekunden/Stufe 10*** pürieren.

Tipp: Machen Sie es sich leicht und kochen Sie einfach gleich 4 Portionen. Dazu einfach alle Mengen vervierfachen, einzige Ausnahme ist das Wasser – hier bleibt die Menge gleich. Die einzelnen Portionen dann in Schälchen einfrieren und bei Bedarf im Wasserbad erwärmen.

Die richtige Konsistenz: Zu Beginn der Beikost sollten alle Breie fein püriert werden. Wenn Ihr Baby zwischen 7 und 9 Monaten ist, kann die Konsistenz etwas stückiger werden:

- ab dem 7. Monat: Bei Schritt 3 den Brei ***20 Sekunden/Stufe 6–8*** pürieren, je nach gewünschter Stückigkeit.
- ab dem 9. Monat: Bei Schritt 3 den Brei ***10–20 Sekunden/Stufe 5–6*** pürieren, je nach gewünschter Stückigkeit. Die Mengen pro Portion können jetzt leicht erhöht werden (60 g Kartoffel + 110 g Gemüse + 35 g Fleisch).

1 Portion enthält: 200 kcal, 7,8 g Eiweiß, 14,3 g Fett, 10,0 g Kohlenhydrate, 2,0 g Ballaststoffe, 1,3 mg Eisen, 1,4 mg Zink

AB BEIKOST-BEGINN

Karotten-Kartoffel-Brei

ZUTATEN FÜR 1 PORTION:

- **100 g Karotten**
- **50 g mehligkochende Kartoffel**
- **400 g Wasser**
- **10 g Rapsöl**

ZUBEREITUNG:

1. Karotten und Kartoffel schälen und in Stücke schneiden. Gemüse in den Mixtopf geben, ***3 Sekunden/Stufe 5*** zerkleinern und anschließend in den Gareinsatz geben.
2. Wasser in den Mixtopf geben, dann den Gareinsatz mit Gemüse einhängen und ***15 Minuten/Varoma/Stufe 1*** garen. Anschließend Gareinsatz entnehmen, Mixtopf leeren und Garflüssigkeit auffangen.
3. Gegartes Gemüse mit 90 Gramm Garflüssigkeit und Rapsöl in den Mixtopf geben und ***30 Sekunden/Stufe 10*** pürieren.

1 Portion enthält: 148 kcal, 2,0 g Eiweiß, 10,0 g Fett, 11,9 g Kohlenhydrate, 4,8 g Ballaststoffe, 2,3 mg Eisen, 0,8 mg Zink

AB BEIKOST-BEGINN

Brokkoli-Kartoffel-Brei mit Rind

ZUTATEN FÜR 1 PORTION:

- **50 g mehligkochende Kartoffel**
- **100 g Brokkoli**
- **30 g Rindfleisch**
- **400 g Wasser**
- **10 g Rapsöl**

ZUBEREITUNG:

1. Kartoffel schälen und in Stücke schneiden. Brokkoli waschen, putzen und in Röschen schneiden. Rindfleisch ebenfalls in Stücke schneiden. Alles in den Mixtopf geben, ***3 Sekunden/Stufe 5*** zerkleinern und in den Gareinsatz geben.
2. Wasser in den Mixtopf geben, dann den Gareinsatz einhängen und ***15 Minuten/Varoma /Stufe 1*** garen. Anschließend Gareinsatz entnehmen, Mixtopf leeren und Garflüssigkeit auffangen.
3. Gegartes Gemüse und Rindfleisch mit 80 Gramm Garflüssigkeit und Rapsöl in den Mixtopf geben und ***30 Sekunden/Stufe 10*** pürieren.

1 Portion enthält: 189 kcal, 10,4 g Eiweiß, 11,7 g Fett, 9,9 g Kohlenhydrate, 4,1 g Ballaststoffe, 2,2 mg Eisen, 2,4 mg Zink

Paprika-Couscous mit Hühnchen

AB BEIKOST-BEGINN

ZUTATEN FÜR 1 PORTION:

- **40 g Couscous**
- **480 g Wasser**
- **100 g rote Paprikaschote**
- **30 g Hühnchenfleisch**
- **10 g Rapsöl**

ZUBEREITUNG:

1. Couscous in einen kleinen Topf geben, mit 80 Gramm heißem Wasser übergießen und 10 Minuten quellen lassen.
2. Paprikaschote waschen, vierteln und putzen. Fleisch in Stücke schneiden. Beides in den Mixtopf geben, ***3 Sekunden/Stufe 5*** zerkleinern und in den Gareinsatz geben.
3. 400 Gramm Wasser in den Mixtopf geben, Gareinsatz einhängen und ***15 Minuten/Varoma/Stufe 1*** garen. Anschließend Gareinsatz entnehmen, Mixtopf leeren und Garflüssigkeit auffangen.
4. Inhalt des Gareinsatzes mit 90 Gramm Garflüssigkeit, Rapsöl und Couscous in den Mixtopf geben und ***30 Sekunden/Stufe 10*** pürieren.

1 Portion enthält: 250 kcal, 9,4 g Eiweiß, 16,7 g Fett, 15,8 g Kohlenhydrate, 5,0 g Ballaststoffe, 1,2 mg Eisen, 1,1 mg Zink

Pastinake-Kartoffel-Hirse-Brei

AB BEIKOST-BEGINN

ZUTATEN FÜR 1 PORTION:

- **40 g mehligkochende Kartoffel**
- **90 g Pastinaken**
- **10 g Hirseflocken (oder Haferflocken, Dinkelflocken)**
- **400 g Wasser**
- **10 g Rapsöl**

ZUBEREITUNG:

1. Kartoffel und Pastinaken schälen und in Stücke schneiden. Beides in den Mixtopf geben, ***3 Sekunden/Stufe 5*** zerkleinern und zusammen mit den Hirseflocken in den Gareinsatz geben.
2. Wasser in den Mixtopf geben, Gareinsatz einhängen und ***15 Minuten/Varoma/Stufe 1*** garen. Anschließend Gareinsatz entnehmen, Mixtopf leeren und Garflüssigkeit auffangen.
3. Inhalt des Gareinsatzes mit 90 Gramm Garflüssigkeit und Rapsöl in den Mixtopf geben und ***30 Sekunden/Stufe 10*** pürieren.

1 Portion enthält: 166 kcal, 2,7 g Eiweiß, 10,6 g Fett, 14,3 g Kohlenhydrate, 4,8 g Ballaststoffe, 1,5 mg Eisen, 0,6 mg Zink

AB BEIKOST-BEGINN

Kohlrabi-Fenchel-Reis-Brei mit Schweinefleisch

ZUTATEN FÜR 4 PORTIONEN:

- **100 g Vollkornreis**
- **200 g Kohlrabi**
- **150 g Fenchel**
- **90 g Schweinefleisch**
- **1000 g Wasser**
- **1 TL + 30 g Rapsöl**

1 Portion enthält:
275 kcal,
1,8 g Eiweiß, 8,1 g Fett,
21,5 g Kohlenhydrate,
2,9 g Ballaststoffe,
2,6 mg Eisen,
1,5 mg Zink

ZUBEREITUNG:

1. Reis in den Gareinsatz geben, unter fließendem Wasser abspülen und abtropfen lassen. Kohlrabi schälen, Fenchel waschen und putzen, und beides in Stücke schneiden. Gemüse in den Mixtopf geben, ***3 Sekunden/Stufe 5*** zerkleinern und im Varoma-Behälter verteilen.
2. Fleisch in Stücke schneiden, in den Mixtopf geben und ***3 Sekunden/Stufe 5*** zerkleinern. Anschließend Fleischstücke gleichmäßig über das Gemüse im Varoma verteilen.
3. Wasser und 1 Teelöffel Rapsöl in den Mixtopf geben, Gareinsatz einhängen, Varoma aufsetzen und ***25 Minuten/Varoma/Stufe 1,5*** garen. Varoma beiseite stellen. Messbecher einsetzen und den Reis noch ***10 bis 15 Minuten/Varoma/Stufe 2*** fertig garen. Anschließend Gareinsatz entnehmen, Mixtopf leeren und Garflüssigkeit auffangen.
4. Reis, Gemüse-Fleisch-Mischung und 30 Gramm Rapsöl mit 150 bis 200 Gramm Garflüssigkeit, je nach gewünschter Konsistenz, in den Mixtopf geben und ***30 Sekunden/Stufe 10*** pürieren.

AB BEIKOST-BEGINN

Fenchel-Kürbis-Brei mit Linsen

ZUTATEN FÜR 1 PORTION:

- **50 g Kürbis (z. B. Hokkaido, Butternut)**
- **100 g Fenchel**
- **35 g getrocknete rote Linsen**
- **400 g Wasser**
- **10 g Rapsöl**

ZUBEREITUNG:

1. Kürbis und Fenchel waschen, putzen und in Stücke schneiden. Beides in den Mixtopf geben, ***3 Sekunden/Stufe 5*** zerkleinern und in den Gareinsatz geben.
2. Linsen waschen und abtropfen lassen, mit Wasser in den Mixtopf geben, Gareinsatz einhängen und alles ***22 Minuten/Varoma/Stufe 1*** garen.
3. Gemüse mit Rapsöl zu den Linsen in den Mixtopf geben und ***30 Sekunden/Stufe 10*** pürieren. Je nach gewünschter Konsistenz gegebenenfalls vorher etwas Garflüssigkeit abgießen.

1 Portion enthält: 221 kcal, 10,6 g Eiweiß, 10,7 g Fett, 20,1 g Kohlenhydrate, 8,3 g Ballaststoffe, 4,8 mg Eisen, 1,4 mg Zink

AB BEIKOST-BEGINN

Spinat-Kartoffel-Brei mit Ei

ZUTATEN FÜR 1 PORTION:

- **40 g mehligkochende Kartoffel**
- **90 g Spinat**
- **1 Ei**
- **400 g Wasser**
- **10 g Rapsöl**

ZUBEREITUNG:

1. Kartoffel schälen und in Stücke schneiden. Spinat waschen und putzen. Beides in den Mixtopf geben, ***3 Sekunden/Stufe 5*** zerkleinern und in den Gareinsatz geben.
2. Ei waschen und mit Schale auf das Gemüse im Gareinsatz legen.
3. Wasser in den Mixtopf geben, Gareinsatz einhängen und alles ***20 Minuten/Varoma/Stufe 1*** garen. Anschließend Gareinsatz entnehmen, Mixtopf leeren und Garflüssigkeit auffangen.
4. Ei schälen, mit Gemüse, 80 Gramm Garflüssigkeit und Rapsöl in den Mixtopf geben und ***30 Sekunden/Stufe 10*** pürieren.

1 Portion enthält: 222 kcal, 10,8 g Eiweiß, 16,7 g Fett, 6,5 g Kohlenhydrate, 3,6 g Ballaststoffe, 4,8 mg Eisen, 1,4 mg Zink

AB BEIKOST-BEGINN

Süßkartoffel-Zucchini-Fisch-Brei

ZUTATEN FÜR 1 PORTION:

- **50 g Süßkartoffel**
- **100 g Zucchini**
- **30 g Fischfilet, grätenfrei (z. B. Lachs, Forelle, Saibling)**
- **400 g Wasser**
- **10 g Rapsöl**

ZUBEREITUNG:

1. Süßkartoffel schälen, Zucchini waschen und putzen. Gemüse und Fischfilet in Stücke schneiden, dann in den Mixtopf geben, ***3 Sekunden/Stufe 5*** zerkleinern und in den Gareinsatz geben.
2. Wasser in den Mixtopf geben, Gareinsatz einhängen und ***15 Minuten/Varoma/Stufe 1*** garen. Anschließend Gareinsatz entnehmen, Mixtopf leeren und Garflüssigkeit auffangen.
3. Gemüse und Fisch mit 90 Gramm Garflüssigkeit und Rapsöl in den Mixtopf geben und ***30 Sekunden/Stufe 10*** pürieren.

1 Portion enthält: 197 kcal, 8,5 g Eiweiß, 11,6 g Fett, 14,1 g Kohlenhydrate, 2,7 g Ballaststoffe, 2,0 mg Eisen, 0,9 g Zink

Abend-
mahlzeiten

AB DEM 6. MONAT

Milch-Getreide-Brei

(Grundrezept)

ZUTATEN FÜR 1 PORTION:

- 20 g Vollkornflocken (z. B. Hafer, Weizen, Dinkel oder Vollkorngrieß, Getreidekörner, Hirse)
- 20 g Obst nach Wahl (z. B. Apfel, Birne, Aprikose, Pfirsich, Banane)
- 200 g Milch

ZUBEREITUNG:

1. Vollkornflocken in den Mixtopf geben und ***20 Sekunden/Stufe 10*** mahlen.
2. Obst waschen, putzen und in Stücke schneiden, zum Getreide geben und alles ***3 Sekunden/Stufe 5*** zerkleinern.
3. Milch zugeben, ***2 Sekunden/Stufe 5*** verrühren und anschließend den Brei ***7 Minuten/90 °C/Stufe 2*** garen.

1 Portion enthält: 201 kcal, 9,0 g Eiweiß, 7,5 g Fett, 24,0 Kohlenhydrate, 2,5 g Ballaststoffe, 0,8 mg Eisen, 1,3 mg Zink

AB DEM 6. MONAT

Haferflocken-Apfel-Milch-Brei

ZUTATEN FÜR 1 PORTION:

- 20 g Haferflocken
- 20 g Apfel
- 200 g Milch

ZUBEREITUNG:

1. Haferflocken in den Mixtopf geben und ***20 Sekunden/Stufe 10*** mahlen.
2. Apfel waschen, halbieren, Kerngehäuse entfernen und in Stücke schneiden. Apfelstücke zu den gemahlenen Haferflocken in den Mixtopf geben und ***3 Sekunden/Stufe 5*** zerkleinern.
3. Milch zugeben, alles ***2 Sekunden/Stufe 5*** verrühren und anschließend ***7 Minuten/90 °C/Stufe 2*** garen.

1 Portion enthält: 212 kcal, 9,0 g Eiweiß, 8,5 g Fett, 24,5 g Kohlenhydrate, 1,5 g Ballaststoffe, 0,9 mg Eisen, 1,6 mg Zink

AB DEM 6. MONAT

Milchreis mit Fruchtmus

(Foto siehe Seite 46)

ZUTATEN FÜR 4 PORTIONEN:

- 50 g Banane
- 50 g Obst nach Wahl (z. B. Apfel, Birne, Pfirsich)
- 500 g Milch
- 110 g Milchreis

ZUBEREITUNG:

1. Banane schälen und in Stücke schneiden. Obst waschen, putzen und in Stücke schneiden. Beides in den Mixtopf geben und ***6 Sekunden/Stufe 8*** zerkleinern. Fertiges Fruchtmus in eine Schüssel umfüllen und zugedeckt im Kühlschrank lagern.
2. Mixtopf spülen, Milch und Milchreis hineingeben und ***35 Minuten/ 90 °C/Linkslauf/Stufe 1*** ohne Messbecher garen.
3. Milchreis zum Fruchtmus geben, mit dem Spatel durchmischen und noch 10 Minuten nachziehen lassen.

1 Portion enthält: 195 kcal, 6,2 g Eiweiß, 4,6 g Fett, 31,4 g Kohlenhydrate, 0,9 g Ballaststoffe, 0,4 mg Eisen, 0,7 mg Zink

---

AB 1 JAHR

Milchreis mit getrockneten Früchten

ZUTATEN FÜR 4 PORTIONEN:

- 30 g ungeschwefelte Trockenfrüchte (z. B. Pflaumen, Datteln, Rosinen, Cranberrys, Aprikosen)
- 500 g Milch
- 110 g Milchreis

ZUBEREITUNG:

1. Trockenfrüchte in den Mixtopf geben, ***10 Sekunden/Stufe 8*** zerkleinern und mit dem Spatel nach unten schieben.
2. Milch und Milchreis zugeben und ***35 Minuten/90 °C/Linkslauf/Stufe 1*** ohne Messbecher garen.
3. Milchreis in eine Schüssel umfüllen und noch 10 Minuten nachziehen lassen.

1 Portion enthält: 198 kcal, 6,2 g Eiweiß, 4,6 g Fett, 32,2 g Kohlenhydrate, 0,9 g Ballaststoffe, 0,3 mg Eisen, 0,6 mg Zink

Nachmittagsbrei und Zwischen-mahlzeiten

AB DEM 7. MONAT

Getreide-Obst-Brei
(Grundrezept)

ZUTATEN FÜR 1 PORTION:

- **20 g Vollkornflocken (oder Vollkorngrieß, Vollkorngetreide, Hirse)**
- **100 g Obst nach Wahl (z. B. Apfel, Birne, Pfirsich, Aprikose, Erdbeeren)**
- **90 g Wasser**
- **5 g Rapsöl (optional)**

ZUBEREITUNG:

1. Vollkornflocken in den Mixtopf geben und ***20 Sekunden/Stufe 10*** mahlen.
2. Obst waschen, putzen und in Stücke schneiden. Obst in den Mixtopf dazugeben und alles ***3 Sekunden/Stufe 5*** zerkleinern.
3. Wasser und optional Rapsöl dazugeben, ***2 Sekunden/Stufe 5*** verrühren und ***7 Minuten/100 °C/Stufe 3*** garen. Bei Bedarf noch ***10 Sekunden/Stufe 8 bis 10*** pürieren.

1 Portion enthält: 115 kcal, 2,6 g Eiweiß, 0,8 g Fett, 23,6 g Kohlenhydrate, 4,0 g Ballaststoffe, 1,1 mg Eisen, 0,6 mg Zink

AB DEM 7. MONAT

Zwiebackbrei mit Obst

ZUTATEN FÜR 1 PORTION:

- **3 Stück Zwieback (ca. 30 g)**
- **100 g Obst nach Wahl (z. B. Apfel, Birne, Pfirsich, Aprikose, Banane)**
- **100 g Wasser**

ZUBEREITUNG:

1. Zwieback in den Mixtopf geben und ***5 Sekunden/Stufe 5*** zerkleinern.
2. Obst waschen, putzen, in Stücke schneiden und zum Zwieback in den Mixtopf geben, ***3 Sekunden/Stufe 5*** zerkleinern.
3. Wasser dazugeben, alles ***2 Sekunden/Stufe 6*** verrühren und ***3 Minuten/90 °C/Stufe 2*** aufkochen lassen. Bei Bedarf noch ***20 Sekunden/Stufe 6 bis 10*** pürieren.

Variante: Anstelle von Zwieback können, speziell in der Weihnachtszeit, die selbstgemachten Bananenkekse von Seite 102 verwendet werden.

1 Portion enthält: 162 kcal, 3,1 g Eiweiß, 1,7 g Fett, 32,9 g Kohlenydrate, 3,6 g Ballaststoffe, 0,9 mg Eisen, 0,3 g Zink

Apfel-Birnen-Mus

AB DEM 7. MONAT

ZUTATEN FÜR 2 PORTIONEN:

- **200 g Äpfel**
- **200 g Birnen**
- **100 g Wasser**
- **10 g Zitronensaft**

ZUBEREITUNG:

1. Äpfel und Birnen waschen, halbieren, Kerngehäuse entfernen und in Stücke schneiden. Obst in den Mixtopf geben und ***3 Sekunden/Stufe 5*** zerkleinern.
2. Wasser und Zitronensaft dazugeben, alles ***3 Sekunden/Stufe 6*** vermischen und ***4 Minuten/90 °C/Stufe 2*** kochen, bei Bedarf noch ***10 bis 20 Sekunden/Stufe 8*** pürieren.

Tipp: Das Mus kann auch in Eiswürfelbehälter eingefroren und portionsweise verwendet werden.

1 Portion enthält: 107 kcal, 0,9 g Eiweiß, 0,7 g Fett, 24,4 g Kohlenhydrate, 4,9 g Ballaststoffe, 0,8 mg Eisen, 0,4 mg Zink

Apfelpudding

AB DEM 8. MONAT

ZUTATEN FÜR 2 PORTIONEN:

- **4 Orangen**
- **Wasser**
- **30 g Milch**
- **35 g Speisestärke**
- **1 Messerspitze Zimtpulver**
- **150 g Apfel**
- **2 TL Honig** (ab 1 Jahr)

ZUBEREITUNG:

1. Orangen auspressen. Orangensaft in den Mixtopf geben und mit Wasser auf 450 Gramm auffüllen. Milch, Speisestärke und Zimtpulver dazugeben, ***3 Sekunden/Stufe 5*** verrühren und ***5 Minuten/100 °C/Stufe 2*** aufkochen lassen.
2. Apfel waschen, vierteln, Kerngehäuse entfernen und quer in Scheiben schneiden. Apfelstücke in den Mixtopf geben und alles ***1 Minute/100 °C/Linkslauf/Stufe 1*** verrühren.
3. Fertigen Pudding in 2 Schälchen füllen und abkühlen lassen. Die zweite Portion bis zum nächsten Tag im Kühlschrank aufbewahren.

1 Portion enthält: 159 kcal, 3,7 g Eiweiß, 1,3 g Fett, 30,5 g Kohlenhydrate, 4,8 g Ballaststoffe, 1,1 mg Eisen, 0,5 mg Zink

AB DEM 7. MONAT

Bananenpudding

ZUTATEN FÜR 2 PORTIONEN:

- **1 reife Banane**
- **300 g Milch**
- **1 Ei**
- **20 g Speisestärke**

ZUBEREITUNG:

1. Banane schälen, in Stücke schneiden, in den Mixtopf geben und ***10 Sekunden/Stufe 5*** zerkleinern.
2. Restliche Zutaten zugeben und alles ***7 Minuten/90 °C/Stufe 3*** kochen.
3. Fertigen Pudding in zwei Schälchen füllen und abkühlen lassen. Die zweite Portion bis zum nächsten Tag im Kühlschrank aufbewahren.

1 Portion enthält: 212 kcal, 10,1 g Eiweiß, 8,5 g Fett, 23,0 g Kohlenhydrate, 1,2 g Ballaststoffe, 1,0 mg Eisen, 1,2 mg Zink

---

AB 1 JAHR

Schoko-Nuss-Joghurt

(Foto siehe Seite 52)

ZUTATEN FÜR 4 PORTIONEN:

- **50 g zuckerfreie Schokolade**
- **35 g Cashewkerne**
- **2 TL Honig**
- **330 g Quark (20 % Fett i.Tr.)**
- **130 g Naturjoghurt (3,8 % Fett)**

ZUBEREITUNG:

1. Zuckerfreie Schokolade in Stücke schneiden, mit Cashewkernen und Honig in den Mixtopf geben und ***6 Sekunden/Stufe 7*** zerkleinern.
2. Quark und Naturjoghurt zugeben und alles ***10 Sekunden/Stufe 5/ Linkslauf*** vermischen.

Tipp: Der Joghurt schmeckt der ganzen Familie. Dann nach Geschmack noch 1 bis 2 Teelöffel Honig zugeben.

1 Portion enthält: 223 kcal, 12,5 g Eiweiß, 12,8 g Fett, 14,3 g Kohlenhydrate, 1,8 g Ballaststoffe, 0,9 mg Eisen, 1,0 mg Zink

Erdbeer-Cashew-Eis

AB DEM 10. MONAT

ZUTATEN FÜR 4 PORTIONEN:

- 50 g Cashewkerne
- 250 g tiefgefrorene Erdbeeren
- 50 g in Stücke geschnittene, tiefgefrorene Bananen
- 50–80 g Wasser

ZUBEREITUNG:

1. Cashewkerne in den Mixtopf geben und ***15 Sekunden/Stufe 10*** zerkleinern. Erdbeeren und Bananen zugeben und ***10 Sekunden/Stufe 8*** zerkleinern. Wasser zugeben und ***15 Sekunden/Stufe 4*** verrühren. Die Wassermenge hängt vom Wassergehalt der Früchte ab.
2. Rühraufsatz einsetzen, nochmal ***15 Sekunden/Stufe 4*** cremig rühren und das Eis sofort genießen.

1 Portion enthält: 75 kcal, 2,0 g Eiweiß, 3,5 g Fett, 8,4 g Kohlenhydrate, 1,7 g Ballaststoffe, 0,9 mg Eisen, 0,2 mg Zink

Pfirsich-Sauerrahm-Eis

AB 1 JAHR

ZUTATEN FÜR 4 PORTIONEN:

- 20 g Honig
- 300 g in Stücke geschnittene, tiefgefrorene Pfirsiche
- 100 g Sauerrahm

ZUBEREITUNG:

1. Pfirsiche in den Mixtopf geben und ***10 Sekunden/Stufe 8*** zerkleinern. Honig und Sauerrahm dazugeben und ***15 Sekunden/Stufe 4*** verrühren.
2. Rühraufsatz einsetzen, nochmal ***15 Sekunden/Stufe 4*** cremig rühren und das Eis sofort genießen.

1 Portion enthält: 86,3 kcal, 1,8 g Eiweiß, 3,8 g Fett, 11,3 g Kohlenhydrate, 1,7 g Ballaststoffe, 0,4 mg Eisen, 0,2 mg Zink

Birnen-Joghurt-Eis

AB 1 JAHR

ZUTATEN FÜR 4 PORTIONEN:

- 30 g ungeschwefelte Trockenfrüchte (z. B. Datteln, Cranberrys, Rosinen, Pflaumen)
- 300 g in Stücke geschnittene, tiefgefrorene Birnen
- 100 g Naturjoghurt (3,8 % Fett)

ZUBEREITUNG:

1. Trockenfrüchte in den Mixtopf geben, ***10 Sekunden/Stufe 10*** zerkleinern, mit dem Spatel nach unten schieben. Birnen zugeben, ***10 Sekunden/Stufe 8*** zerkleinern. Joghurt dazugeben und ***15 Sekunden/Stufe 4*** verrühren.
2. Rühraufsatz einsetzen und nochmal ***15 Sekunden/Stufe 4*** cremig rühren.

1 Portion enthält: 79 kcal, 1,4 g Eiweiß, 1,2 g Fett, 15,7 g Kohlenhydrate, 3,0 g Ballaststoffe, 0,4 mg Eisen, 0,3 mg Zink

Vorspeisen und Suppen

AB 1 JAHR

Wirsing-Birnen-Rohkost

ZUTATEN FÜR 4 PORTIONEN:

- **200 g Wirsing**
- **300 g Birnen (oder Äpfel)**
- **1 Bund Petersilie**
- **200 g Sauerrahm**
- **1 TL Honig**
- **15 g körniger Senf**
- **1 EL Zitronensaft**
- **1 TL Salz**

ZUBEREITUNG:

1. Wirsing waschen, putzen und in etwa 3 Zentimeter große Stücke schneiden. Birnen waschen, achteln und Kerngehäuse entfernen.
2. Petersilie waschen, trocken schütteln, Blätter abzupfen und in den Mixtopf geben, ***3 Sekunden/Stufe 7*** zerkleinern und mit dem Spatel nach unten schieben.
3. Wirsing und Birnen dazugeben, Spatel einhängen und ***5 Sekunden/Stufe 4,5*** zerkleinern.
4. Restliche Zutaten dazugeben und alles ***10 Sekunden/Linkslauf/Stufe 3*** vermischen.
5. Fertige Rohkost noch 10 Minuten durchziehen lassen und zimmerwarm servieren.

1 Portion enthält: 470 kcal, 14,1 g Eiweiß, 22,6 g Fett, 50,4 g Kohlenhydrate, 11,3 g Ballaststoffe, 3,8 mg Eisen, 1,9 mg Zink

AB DEM 10. MONAT

Rote-Bete-Apfel-Salat

ZUTATEN FÜR 4 PORTIONEN:

- **200 g gekochte Rote Bete**
- **200 g Äpfel**
- **100 g Staudensellerie**
- **10 g körniger Senf (ab 1 Jahr)**
- **15 g weißer Aceto balsamico**
- **20 g Olivenöl**
- **1 EL Zitronensaft**
- **100 g Naturjoghurt (3,5 % Fett)**

ZUBEREITUNG:

1. Rote Bete in Stücke schneiden. Äpfel waschen, achteln und Kerngehäuse entfernen. Staudensellerie waschen, putzen und in Stücke schneiden.
2. Alle Zutaten außer Naturjoghurt in den Mixtopf geben, Spatel einhängen und alles ***4 Sekunden/Stufe 4,5*** zerkleinern.
3. Naturjoghurt zugeben und ***15 Sekunden/Linkslauf/Stufe 2,5*** vermischen.
4. Fertige Rohkost noch 10 Minuten durchziehen lassen und zimmerwarm servieren.

1 Portion enthält: 123 kcal, 2,0 g Eiweiß, 7,5 g Fett, 11,2 g Kohlenhydrate, 2,6 g Ballaststoffe, 0,8 mg Eisen, 0,4 mg Zink

AB DEM 9. MONAT

Karotten-Apfel-Rohkost

ZUTATEN FÜR 2 PORTIONEN:

- 200 g Karotten
- 150 g Apfel
- 15 g Rapsöl
- 1 EL Zitronensaft

ZUBEREITUNG:

1. Karotten schälen, putzen und in Stücke schneiden. Apfel waschen, halbieren, Kerngehäuse entfernen und in Stücke schneiden.
2. Alle Zutaten in den Mixtopf geben, Spatel einhängen und ***4 Sekunden/Stufe 4,5*** zerkleinern.
3. Fertige Rohkost noch 10 Minuten durchziehen lassen und zimmerwarm servieren.

Variante: Wer es cremiger mag, kann zum Schluss noch 70 Gramm Naturjoghurt dazugeben und ***15 Sekunden/Linkslauf/Stufe 3*** durchmischen.

1 Portion enthält: 71 kcal, 0,7 g Eiweiß, 4,1 g Fett, 7,8 g Kohlenhydrate, 2,9 g Ballaststoffe, 1,2 mg Eisen, 0,4 g Zink

AB DEM 7. MONAT

Rindfleischsuppe mit Gemüse

(Foto siehe Seite 62)

ZUTATEN FÜR 4 PORTIONEN:

- 150 g Karotten
- 100 g Knollensellerie
- 50 g Lauch
- 300 g Rindfleisch (oder Hühnerfleisch)
- 1000 g Wasser
- 1 EL getrocknete Suppenwürze (ab 1 Jahr)
- 100 g Nudeln (optional)

ZUBEREITUNG:

1. Karotten schälen, putzen und in Stücke schneiden. Knollensellerie schälen und in Stücke schneiden. Lauch waschen, putzen und in Ringe schneiden. Rindfleisch in kleine Stücke schneiden.
2. Gemüse in den Mixtopf geben und ***3 Sekunden/Stufe 5*** zerkleinern.
3. Wasser, Rindfleisch und optional Suppenwürze dazugeben und die Suppe ***60 Minuten/95 °C/Linkslauf/Stufe 1,5*** kochen. Nudeln gegebenenfalls nach 50 Minuten hinzufügen.

1 Portion enthält: 470 kcal, 14,1 g Eiweiß, 22,6 g Fett, 50,4 g Kohlenhydrate, 11,3 g Ballaststoffe, 3,8 mg Eisen, 1,9 mg Zink

Tomatensuppe mit Kartoffeln

AB DEM 7. MONAT

ZUTATEN FÜR 4 PORTIONEN:

- **400 g Tomaten**
- **50 g Staudensellerie**
- **150 g mehligkochende Kartoffeln**
- **250 g Wasser**
- **1 TL Suppengrundstock (ab 1 Jahr)**
- **1 TL Salz (ab 1 Jahr)**
- **frische Kräuter (z. B. Petersilie, Basilikum)**
- **30 g Rapsöl**
- **etwas Milch (optional)**

ZUBEREITUNG:

1. Tomaten waschen und Stielansatz entfernen. Staudensellerie waschen und putzen, Kartoffeln schälen. Gemüse in Stücke schneiden und in den Mixtopf geben, ***5 Sekunden/Stufe 5*** zerkleinern.
2. Wasser, optional Suppengrundstock und Salz dazugeben und alles ***12 Minuten/100 °C/Stufe 2*** kochen. Kräuter waschen, trocken tupfen und hacken.
3. Rapsöl in den Mixtopf geben, Suppe ***30 Sekunden/Stufe 10*** pürieren. Bei Bedarf die Suppe mit etwas Milch verdünnen. Suppe mit Kräutern garnieren und servieren.

1 Portion enthält: 110 kcal, 1,8 g Eiweiß, 7,7 g Fett, 8,2 g Kohlenhydrate, 2,1 g Ballaststoffe, 0,7 mg Eisen, 0,3 mg Zink

Bohnensuppe

AB DEM 9. MONAT

ZUTATEN FÜR 4 PORTIONEN:

- **100 g Feuerbohnen, getrocknet**
- **1400 g Wasser**
- **10 g Rapsöl**
- **1 Zwiebel**
- **1 rote Paprikaschote**
- **1 Tomate**
- **1 Knoblauchzehe (ab 1 Jahr)**
- **20 g Rapsöl**
- **2 TL Suppengrundstock (ab 1 Jahr)**

ZUBEREITUNG:

1. Feuerbohnen 12 Stunden in kaltem Wasser einweichen. Einweichwasser wegschütten und die Feuerbohnen in den Gareinsatz geben. 1000 Gramm Wasser und Rapsöl in den Mixtopf geben, Gareinsatz einhängen und die Bohnen ***45 Minuten/98 °C/Stufe 1,5*** garen. Gareinsatz entnehmen und beiseite stellen. Garflüssigkeit wegschütten.
2. Zwiebel abziehen und halbieren, Paprikaschote waschen, putzen und in Stücke schneiden, Tomate waschen, Stielansatz entfernen und in Stücke schneiden. Optional Knoblauch abziehen. Alles in den Mixtopf geben, ***6 Sekunden/Stufe*** 5 zerkleinern und mit dem Spatel nach unten schieben.
3. 400 Gramm Wasser, Öl, Bohnen und optional Suppengrundstock dazugeben und ***15 Minuten/100 °C/Stufe 1*** kochen. Die Suppe anschließend ***30 Sekunden/Stufe 10*** pürieren. Bei Bedarf noch mit Wasser verdünnen.

1 Portion enthält: 156 kcal, 7,7 g Eiweiß, 8,1 g Fett, 13,8 g Kohlenhydrate, 4,2 g Ballaststoffe, 2,1 mg Eisen, 0,4 mg Zink

AB DEM 8. MONAT

Gemüsesuppe (Grundrezept)

ZUTATEN FÜR 4 PORTIONEN:

- **350 g Gemüse nach Wahl (z. B. Kürbis, Karotten, Kohlrabi, Brokkoli, Blumenkohl)**
- **50 g mehligkochende Kartoffel**
- **1 Zwiebel**
- **20 g Rapsöl**
- **600 g Wasser**
- **1 TL Suppengrundstock (ab 1 Jahr)**
- **1 TL Salz (ab 1 Jahr)**
- **frische Kräuter (z. B. Petersilie, Basilikum, Thymian)**
- **50 g Cashewkerne**
- **100 g Sauerrahm (ab 1 Jahr)**

ZUBEREITUNG:

1. Gemüse waschen, putzen, bei Bedarf schälen und in Stücke schneiden. Kartoffel schälen und in Stücke schneiden.
2. Zwiebel abziehen, halbieren und in den Mixtopf geben, ***3 Sekunden/Stufe 5*** zerkleinern. Rapsöl dazugeben und Zwiebel ***2 Minuten/Varoma/Stufe 2*** anschwitzen.
3. Gemüse- und Kartoffelstücke in den Mixtopf geben und ***10 Sekunden/Stufe 9*** zerkleinern.
4. Wasser und optional Suppengrundstock und Salz dazugeben und ***15 Minuten/98 °C/Stufe*** 2 kochen.
5. Kräuter waschen, trocken tupfen und hacken. Cashewkerne und optional Sauerrahm in den Mixtopf geben und ***1 Minute/Stufe 10*** pürieren. Suppe mit den gehackten Kräutern garnieren.

1 Portion enthält: 157 kcal, 5,0 g Eiweiß, 10,6 g Fett, 8,5 g Kohlenhydrate, 4,1 g Ballaststoffe, 1,4 mg Eisen, 0,6 mg Zink

AB 1 JAHR

Selleriesuppe mit Apfel

ZUTATEN FÜR 4 PORTIONEN:

- **250 g Knollensellerie**
- **150 g Apfel**
- **450 g Wasser**
- **150 g Sauerrahm**
- **2 TL Kräutersalz**

ZUBEREITUNG:

1. Knollensellerie schälen, Apfel schälen, halbieren und Kerngehäuse entfernen. Beides in Stücke schneiden, in den Mixtopf geben, ***6 Sekunden/Stufe 5*** zerkleinern und mit dem Spatel nach unten schieben.
2. Wasser dazugeben und ***20 Minuten/100 °C/Stufe 1,5*** kochen, anschließend ***30 Sekunden/Stufe 10*** pürieren.
3. Sauerrahm und Kräutersalz dazugeben, alles ***10 Sekunden/Stufe 3,5*** vermischen und abschmecken. Bei Bedarf noch etwas Wasser hinzufügen.

1 Portion enthält: 74 kcal, 2,1 g Eiweiß, 4,0 g Fett, 6,9 g Kohlenhydrate, 2,4 g Ballaststoffe, 0,5 mg Eisen, 0,3 mg Zink

AB DEM 10. MONAT

Rote-Bete-Linsen-Suppe mit Nockerln

ZUTATEN FÜR 6 PORTIONEN:

Für die Nockerln (18 Stück):

- 1 Bund Petersilie
- 130 g Milch
- 50 g Butter
- ½ TL Salz (ab 1 Jahr)
- 60 g Meerrettich (ab 1 Jahr)
- 80 g Vollkorngrieß (Weizen oder Dinkel)
- 1 Ei
- Fett zum Einfetten

Für die Suppe:

- 500 g Rote Bete, gekocht
- 35 g gelbe Linsen
- 600 g Wasser
- 2 TL Suppengrundstock (ab 1 Jahr)
- 150 g Milch
- 1 EL Essig
- 1 EL Zitronensaft

ZUBEREITUNG:

1. Für die Nockerln Petersilie waschen, trocken schütteln, in den Mixtopf geben und ***4 Sekunden/Stufe 5*** zerkleinern. Petersilie beiseite stellen.
2. Milch, Butter und optional Salz und Meerrettich in den Mixtopf geben und ***2 Minuten/90 °C/Stufe 1*** erhitzen.
3. Grieß, Ei und Petersilie dazugeben, ***15 Sekunden/Stufe 4*** verrühren und ***2 Minuten 30 Sekunden/100 °C/Stufe 3*** garen.
4. Varoma-Behälter und Varoma-Einlegeboden einfetten. Aus der Grießmasse mit zwei Teelöffeln 18 Nockerln formen und im Varoma und Varoma-Einlegeboden verteilen.
5. Für die Suppe Rote Bete in Stücke schneiden. Linsen in einem Sieb waschen und abtropfen lassen. Rote Bete mit den Linsen in den Mixtopf geben und ***3 Sekunden/Stufe 6*** zerkleinern.
6. Wasser und optional Suppengrundstock zugeben, Varoma mit den Nockerln aufsetzen und alles ***20 Minuten/Varoma/Stufe 2*** garen.
7. Varoma-Behälter beiseite stellen. Milch, Essig und Zitronensaft in den Mixtopf geben und ***30 Sekunden/Stufe 10*** pürieren. Suppe pro Portion mit je 3 Nockerln anrichten.

Tipp: Diese Suppe ist sehr dickflüssig und kann daher sehr gut mit dem Breilöffel gegeben werden. Bei Bedarf kann mit Milch oder Wasser verdünnt werden.

1 Portion enthält: 195 kcal, 6,7 g Eiweiß, 1,0 g Fett, 19,5 g Kohlenhydrate, 3,6 g Ballaststoffe, 1,5 mg Eisen, 1,3 mg Zink

Hauptspeisen

Reisfleisch (Foto siehe Seite 74)

AB DEM 10. MONAT

ZUTATEN FÜR 4 PORTIONEN:

- **1 Bund Petersilie**
- **200 g rote Paprikaschote**
- **1 große Zwiebel**
- **15 g Rapsöl**
- **350 g Gulaschfleisch (Rind, Schwein, Kalb)**
- **250 g Langkornreis**
- **800 g Wasser**
- **70 g Tomatenmark**
- **3 TL edelsüßes Paprikapulver**
- **2 TL Suppengrundstock (ab 1 Jahr)**
- **1 TL Salz (ab 1 Jahr)**

ZUBEREITUNG:

1. Petersilie waschen, trocken schütteln und Blätter abzupfen. Paprikaschote waschen, putzen, in Stücke schneiden und mit Petersilie in den Mixtopf geben, ***2 Sekunden/Stufe 5*** zerkleinern, herausnehmen und beiseite stellen.
2. Zwiebel abziehen und halbieren, in den Mixopf geben, ***5 Sekunden/Stufe 5*** zerkleinern und mit Rapsöl ***2 Minuten/100 °C/Stufe 1*** andünsten.
3. Fleisch dazugeben und ***4 Minuten/100 °C/Linkslauf/Sanftrührstufe*** andünsten.
4. Restliche Zutaten außer die beiseite gestellte Paprika-Petersilien-Mischung dazugeben und ***27 Minuten/100 °C/Linkslauf/Sanftrührstufe*** kochen. Nach 20 Minuten die Paprika-Petersilien-Mischung dazugeben und die verbleibenden 7 Minuten mitkochen.

1 Portion enthält: 391 kcal, 23,5 g Eiweiß, 9,0 g Fett, 53,0 g Kohlenhydrate, 3,4 g Ballaststoffe, 3,0 mg Eisen, 5,2 mg Zink

Gemüsenudeln

AB DEM 9. MONAT

ZUTATEN FÜR 6 PORTIONEN:

- **250 g Gemüse nach Wahl (z. B. Zucchini, Brokkoli, Blumenkohl, Karotten, Erbsen)**
- **1 Zwiebel**
- **20 g Rapsöl**
- **450 g Wasser**
- **180 g Milch**
- **1 TL Suppengrundstock (ab 1 Jahr)**
- **1 TL Salz (ab 1 Jahr)**
- **300 g Vollkornnudeln**

ZUBEREITUNG:

1. Gemüse waschen, putzen, nach Bedarf schälen, in Stücke schneiden und beiseite stellen.
2. Zwiebel abziehen und halbieren, in den Mixtopf geben, ***4 Sekunden/Stufe 5*** zerkleinern und mit dem Spatel nach unten schieben. Rapsöl dazugeben und Zwiebel ***2 Minuten/120 °C/Stufe 2*** dünsten.
3. Wasser, Milch und optional Suppengrundstock und Salz dazugeben und alles ***5 Minuten/100 °C/Stufe 1*** zum Kochen bringen.
4. Nudeln dazugeben und ***Zeit gemäß Packungsangabe/100 °C/Linkslauf/Sanftrührstufe*** garen.
5. Gemüse in den Mixtopf geben, mit dem Spatel kurz durchrühren, dann ***5 Minuten/70 °C/Linkslauf/Sanftrührstufe*** untermischen.

1 Portion enthält: 223 kcal, 7,7 g Eiweiß, 6,5 g Fett, 32,8 g Kohlenhydrate, 5,5 g Ballaststoffe, 2,1 mg Eisen, 2,0 mg Zink

AB DEM 8. MONAT

Gedämpftes Gemüse mit Reis und Kräutersauce

ZUTATEN FÜR 6 PORTIONEN:

- **200 g mehligkochende Kartoffeln**
- **500 g gemischtes Gemüse (z. B. Brokkoli, Blumenkohl, Karotten, Zucchini)**
- **1 kleine Zwiebel**
- **20 g Rapsöl**
- **1 200 g Wasser**
- **1 gehäufter TL Suppengrundstock (ab 1 Jahr)**
- **200 g Reis**
- **50 g Cashewkerne**
- **frische Kräuter (z. B. Schnittlauch, Petersilie, Basilikum, Dill)**

ZUBEREITUNG:

1. Kartoffeln schälen und achteln. Gemüse waschen, putzen, nach Bedarf schälen und in Stücke schneiden. Kartoffeln und Gemüse beiseite stellen.
2. Zwiebel abziehen und halbieren, in den Mixtopf geben, ***5 Sekunden/Stufe 5*** zerkleinern und mit dem Spatel nach unten schieben. Rapsöl dazugeben und Zwiebel ***2 Minuten/120 °C/Stufe 1*** dünsten.
3. Wasser und optional Suppengrundstock zugeben, Gareinsatz einhängen, Reis einwiegen und Kartoffelstücke auf den Reis legen. Varoma-Behälter aufsetzen, kleingeschnittenes Gemüse darin verteilen, verschließen und ***25 Minuten/Varoma/Stufe 1*** garen.
4. Varoma-Behälter zur Seite stellen, Gareinsatz mit dem Spatel herausnehmen, Mixtopf leeren, dabei die Garflüssigkeit auffangen.
5. Für die Kräutersauce Kräuter waschen und trocken tupfen. 350 Gramm Garflüssigkeit, die Hälfte der gekochten Kartoffelstücke, Cashewkerne und Kräuter in den Mixtopf geben und ***30 Sekunden/Stufe 10*** pürieren. Restliche Kartoffeln, Gemüse und Reis mit der Sauce servieren.

Variante: Für eine würzigere Variante 200 Gramm gewürfelten Weißkäse nach Fetaart in Schritt 4 über das Gemüse verteilen. Wer mag, kann auch zusätzlich noch Fleisch oder Fisch mitgaren (z. B. Lachs-, Forellen- oder Saiblingfilet, Geflügel- oder Schweinefleisch in Spießchen oder mit Schinken umwickelt).

Tipp: Die Sauce lässt sich in alle Richtungen variieren: Nehmen Sie statt der Kräuter etwas Currypulver, fügen Sie etwas Käse hinzu (z. B. Parmesan, Gorgonzola) oder garen Sie im Varoma-Behälter noch ½ rote Paprikaschote mit und geben diese dann zur Sauce und pürieren sie mit.

1 Portion enthält: 186 kcal, 4,0 g Eiweiß, 4,3 g Fett, 32,2 g Kohlenhydrate, 2,4 g Ballaststoffe, 1,5 mg Eisen, 0,8 mg Zink

Nudeln mit Bolognese-Sauce

AB DEM 8. MONAT

ZUTATEN FÜR 6 PORTIONEN:

- **1 Zwiebel**
- **1 rote Paprikaschote**
- **15 g Rapsöl**
- **400 g Rinderhackfleisch**
- **400 g passierte Tomaten**
- **600 g Wasser**
- **1 TL Suppengrundstock (ab 1 Jahr)**
- **2 TL Salz (ab 1 Jahr)**
- **350 g Vollkornnudeln**
- **frische Kräuter (z. B. Petersilie, Oregano)**

ZUBEREITUNG:

1. Zwiebel abziehen und halbieren, Paprikaschote waschen, putzen und in Stücke schneiden. Beides in den Mixtopf geben, ***6 Sekunden/Stufe 5*** zerkleinern und mit dem Spatel nach unten schieben.
2. Rapsöl dazugeben und Gemüse ***2 Minuten 30 Sekunden/Varoma/Stufe 1*** dünsten. Hackfleisch dazugeben und ***6 Minuten/Varoma/Linkslauf/Sanftrührstufe*** dünsten.
3. Tomaten, Wasser, optional Suppengrundstock und Salz in den Mixtopf geben, die Sauce ***6 Minuten/Varoma/Linkslauf/Sanftrührstufe*** erwärmen.
4. Nudeln dazugeben und alles ***Zeit gemäß Packungsangabe/100 °C/Linkslauf/Stufe 1*** kochen. Kräuter waschen, trocken tupfen, hacken und zum Schluss untermischen.

1 Portion enthält: 314 kcal, 22,2 g Eiweiß, 7,7 g Fett, 38,2 g Kohlenhydrate, 7,9 g Ballaststoffe, 4,3 mg Eisen, 5,4 mg Zink

Schneller Gemüse-Eintopf

AB 1 JAHR

ZUTATEN FÜR 6 PORTIONEN:

- **600–800 g Gemüse nach Wahl (z. B. Lauch, Karotten, Blumenkohl, Brokkoli)**
- **500 g mehligkochende Kartoffeln**
- **1 große Zwiebel**
- **20 g Rapsöl**
- **600 g Wasser**
- **1 TL Suppengrundstock**
- **250 g Sauerrahm**
- **200 g Hüttenkäse**
- **1 TL Kräutersalz**

ZUBEREITUNG:

1. Gemüse und Kartoffeln waschen, putzen, nach Bedarf schälen und in Stücke schneiden. Zwiebel abziehen, halbieren, in den Mixtopf geben, ***3 Sekunden/Stufe 5*** zerkleinern und mit dem Spatel nach unten schieben. Rapsöl dazugeben und Zwiebel ***2 Minuten/Varoma/Stufe 2*** andünsten.
2. Wasser und Suppengrundstock dazugeben, Gareinsatz einhängen, Kartoffeln hineingeben, Mixtopf verschließen, Varoma-Behälter aufsetzen, Gemüse darin verteilen und ***25 Minuten/Varoma/Stufe 1,5*** garen.
3. Varoma-Behälter abnehmen. Kartoffeln und Gemüse in einen großen Topf geben, Garflüssigkeit durch den Gareinsatz schütten und auffangen, die im Gareinsatz gebliebenen Zwiebel-Stückchen in den Topf zum Gemüse geben. Sauerrahm, Hüttenkäse und Garflüssigkeit je nach gewünschter Konsistenz zugeben, alles miteinander vermischen und mit Kräutersalz würzen.

1 Portion enthält: 193 kcal, 8,4 g Eiweiß, 9,3 g Fett, 18,0 g Kohlenhydrate, 3,1 g Ballaststoffe, 1,0 mg Eisen, 0,9 mg Zink

Vollkorn-Minipizzas

AB DEM 10. MONAT

ZUTATEN FÜR 6 STÜCK:

- 200 g Getreidekörner
- 15 g Olivenöl
- 110 g lauwarmes Wasser
- ¼ Würfel Hefe
- 1 TL Salz (ab 1 Jahr)
- 200 g passierte Tomaten
- 1 EL getrocknete italienische Kräuter
- ½ TL Honig (ab 1 Jahr)

Außerdem:

- Mehl zum Ausrollen
- Belag (Gemüse, Käse)

ZUBEREITUNG:

1. Dinkelkörner in den Mixtopf geben und ***1 Minute/Stufe 10*** mahlen. Olivenöl, Wasser, Hefe und optional Salz dazugeben und ***2 Minuten/Knetstufe*** kneten. Den Teig in eine geölte Schüssel geben und 30 Minuten gehen lassen. Mixtopf spülen und trocknen.
2. Währenddessen die Tomatensauce zubereiten. Passierte Tomaten, italienische Kräuter und optional Honig in den Mixtopf geben und ***15 bis 20 Minuten/90 °C/Stufe 2*** einkochen. Den Backofen auf 250 °C (Umluft/Heißluft 230 °C) vorheizen.
3. Teig in 6 Portionen teilen und auf einer bemehlten Arbeitsfläche ausrollen (ca. 10 Zentimeter Durchmesser), mit Tomatensauce bestreichen und mit Gemüse und Käse belegen. Pizzas im Ofen 15 Minuten backen.

1 Stück enthält: 130 kcal, 2,5 g Eiweiß, 3,2 g Fett, 20,5 g Kohlenhydrate, 3,8 g Ballaststoffe, 1,3 mg Eisen, 1,0 mg Zink

Wirsingnudeln

AB 1 JAHR

ZUTATEN FÜR 6 PORTIONEN:

- 350 g Wirsing
- 1 rote Paprikaschote
- 1 Zwiebel
- 30 g getrocknete Tomaten
- 20 g Rapsöl
- 1000 g Wasser
- 1 TL Suppengrundstock
- 250 g Vollkornnudeln
- 250 g Sauerrahm
- 100 g Frischkäse (Vollfettstufe)
- 1 TL Kräutersalz
- 1 TL Salz
- 1 TL Pfeffer
- 1 Prise Muskatnuss

ZUBEREITUNG:

1. Wirsing und Paprikaschote waschen, putzen, in feine Streifen schneiden und zur Seite stellen. Zwiebel abziehen und halbieren, mit getrockneten Tomaten in den Mixtopf geben, ***5 Sekunden/Stufe 8*** zerkleinern und mit dem Spatel nach unten schieben.
2. Rapsöl dazugeben und Zwiebel-Tomaten-Mischung ***2 Minuten/100 °C/Stufe 1*** dünsten. Wasser und Suppengrundstock zugeben, Varoma-Behälter aufsetzen, Paprika und Wirsing hineingeben, Varoma-Behälter verschließen und Gemüse ***15 Minuten/Varoma/Stufe 1*** garen.
3. Nudeln in den Mixtopf geben, Varoma-Behälter wieder aufsetzen und ***Zeit gemäß Packungsangabe/Varoma/Linkslauf/Stufe 1*** garen. Mixtopfinhalt und Gemüse in einen großen Topf geben, Sauerrahm und Frischkäse unterrühren, mit Kräutersalz, Salz, Pfeffer und Muskatnuss würzen.

1 Portion enthält: 268 kcal, 12,0 g Eiweiß, 10,2 g Fett, 31,2 g Kohlenhydrate, 8,2 g Ballaststoffe, 2,7 mg Eisen, 1,8 mg Zink

AB 1 JAHR

Hirsebällchen

ZUTATEN FÜR 4 PORTIONEN (16 STÜCK):

- 50 g Buchweizen (oder Weizen-/ Dinkelkörner)
- 1 Zwiebel
- 50 g Karotte
- 50 g Hirse
- 200 g Wasser
- 1 TL Suppengrundstock
- 1 Bund Petersilie
- 125 g Quark (20 % Fett i. Tr.)
- 70 g Haferflocken
- 1 Ei
- 1 EL Sonnenblumenkerne
- 1 EL Kürbiskerne
- 1 TL Salz
- 1 Prise Pfeffer

ZUBEREITUNG:

1. Buchweizen in den Mixtopf geben, ***15 Sekunden/Stufe 8*** schroten und umfüllen.
2. Zwiebel abziehen und halbieren, Karotte schälen und in Stücke schneiden. Beides in den Mixtopf geben und ***6 Sekunden/Stufe 5*** zerkleinern.
3. Hirse, geschroteter Buchweizen, Wasser und Suppengrundstock dazugeben und alles ***10 Minuten/98 °C/Stufe 1*** kochen.
4. Petersilie waschen, trocken tupfen und klein hacken, mit den restliche Zutaten in den Mixtopf geben und alles ***40 Sekunden/Linkslauf/Stufe 3,5*** vermischen. Die Masse in eine Schüssel umfüllen und abkühlen lassen. Inzwischen den Backofen auf 200 °C (Umluft/Heißluft 180 °C) vorheizen.
5. Aus der Masse 16 Bällchen formen, auf ein mit Backpapier ausgelegtes Backblech verteilen und im Backofen 20 Minuten goldbraun backen. Mit Joghurtdip (siehe Seite 86) servieren.

Variante: Die Bällchen können auch im Varoma-Behälter dampfgegart werden, dann kann man noch zusätzlich wunderbar Gemüse mitdämpfen. Dazu einfach 500 Gramm Wasser in den Mixtopf geben, Varoma mit den Hirsebällchen und Gemüsestücken aufsetzen und ***20 Minuten/Varoma/ Stufe 1*** garen.

1 Portion enthält: 116 kcal, 6,1 g Eiweiß, 3,1 g Fett, 15,9 g Kohlenhydrate, 1,5 g Ballaststoffe, 1,7 mg Eisen, 0,8 mg Zink

AB 1 JAHR

Gemüsemuffins

ZUTATEN FÜR 12 STÜCK:

- **170 g Buchweizen (oder Weizen, Dinkel)**
- **50 g Parmesan**
- **100 g rote Paprikaschote**
- **60 g Staudensellerie**
- **2 Eier**
- **50 g Quark (20 % Fett i Tr.)**
- **2 TL Backpulver**
- **40 g Wasser**
- **3 EL Rapsöl**
- **2 TL Suppengrundstock**

Außerdem:

- **1 Muffinblech**
- **Rapsöl für die Form**

ZUBEREITUNG:

1. Backofen auf 200 °C (Umluft/Heißluft 180 °C) vorheizen. Getreidekörner in den Mixtopf geben, ***1 Minute/Stufe 10*** mahlen und umfüllen.
2. Parmesan in Stücke schneiden und in den Mixtopf geben, ***10 Sekunden/Stufe 10*** zerkleinern und zum Mehl geben.
3. Paprikaschote und Staudensellerie waschen, putzen und in Stücke schneiden, beides in den Mixtopf geben und ***3 Sekunden/Stufe 5*** zerkleinern.
4. Buchweizenmehl, Parmesan und restliche Zutaten dazugeben und ***30 Sekunden/Linkslauf/Stufe 4*** vermischen.
5. Die Mulden des Muffinblechs einölen, Teig einfüllen und im Backofen 20 bis 25 Minuten backen. Mit Joghurtdip (siehe unten) servieren.

1 Stück enthält: 109 kcal, 4,6 g Eiweiß, 5,3 g Fett, 10,6 g Kohlenhydrate, 0,9 g Ballaststoffe, 0,8 mg Eisen, 0,7 mg Zink

AB 1 JAHR

Joghurtdip

ZUTATEN FÜR 4 PORTIONEN:

- **1 Bund Petersilie**
- **15 Blätter Basilikum**
- **1 Knoblauchzehe**
- **100 g Quark (20 % Fett i. Tr.)**
- **100 g Naturjoghurt (3,8 % Fett)**
- **1 TL Salz**
- **1 Prise Pfeffer**

ZUBEREITUNG:

1. Kräuter waschen und trocken tupfen, Knoblauch abziehen. Kräuter und Knoblauch in den Mixtopf geben, ***7 Sekunden/Stufe 8*** zerkleinern und mit dem Spatel nach unten schieben.
2. Restliche Zutaten dazugeben und alles ***15 Sekunden/Stufe 3,5*** vermischen.

1 Portion enthält: 35 kcal, 4,2 g Eiweiß, 1,0 g Fett, 2,0 g Kohlenhydrate, 0,1 g Ballaststoffe, 0,0 mg Eisen, 0,1 mg Zink

Polentaauflauf mit Kirschen

AB DEM 8. MONAT

ZUTATEN FÜR 6 PORTIONEN:

- 50 g Haferflocken
- 2 Eier
- 500 g Milch
- 35 g Honig oder 40 g Dattelmus (siehe Seite 138) (ab 1 Jahr)
- 70 g Polenta (Maisgrieß)
- 1 EL Flohsamenschalen
- 1 TL Backpulver
- 200 g Kirschen (oder Kirschen aus dem Glas)

Außerdem:

- Fett für die Form

ZUBEREITUNG:

1. Backofen auf 200 °C (Umluft/Heißluft 180 °C) vorheizen. Haferflocken in den Mixtopf geben, ***20 Sekunden/Stufe 8*** mahlen und umfüllen.
2. Mixtopf spülen und trocknen. Rühraufsatz einsetzen. Eier trennen, Eiklar in den Mixtopf geben, bei ***Stufe 3,5*** zu Eischnee schlagen und umfüllen.
3. Milch, Eigelb und optional Honig oder Dattelmus in den Mixtopf geben und ***10 Sekunden/Stufe 3*** verrühren. Polenta, Haferflockenmehl, Flohsamenschalen und Backpulver dazugeben und ***30 Sekunden/Stufe 3*** untermischen. Die Masse zum Eischnee geben und vorsichtig unterheben.
4. Teig in eine gefettetete Auflaufform geben, Kirschen darauf verteilen und im Backofen 40 Minuten backen. Auflauf noch 5 Minuten im ausgeschalteten Backofen ruhen lassen. Noch warm servieren.

1 Portion enthält: 192,5 kcal, 8,1 g Eiweiß, 6,5 g Fett, 24,6 g Kohlenhydrate, 2,1 g Ballaststoffe, 1,2 mg Eisen, 1,0 mg Zink

Grießschmarrn

AB 1 JAHR

ZUTATEN FÜR 4 PORTIONEN:

- 3 Eier
- 250 g Quark (20 % Fett i. Tr.)
- 125 g Sauerrahm
- 3 EL Vollkorngrieß (Weizen oder Dinkel)
- 2 TL Speisestärke
- 40 g Honig oder 50 g Dattelmus (siehe Seite 138)
- 500 g heißes Wasser

ZUBEREITUNG:

1. Eier trennen. Rühraufsatz einsetzen, Eiklar in den Mixtopf geben, zu Eischnee schlagen, herausnehmen und zur Seite stellen. Rühraufsatz entfernen.
2. Restliche Zutaten in den Mixtopf geben und ***10 Sekunden/Stufe 3*** vermischen. Die Masse vorsichtig unter den Eischnee heben.
3. Mixtopf spülen und trocknen. Varoma-Behälter und Einlegeboden mit angefeuchtetem Backpapier belegen und die Masse darauf verteilen. Heißes Wasser in den Mixtopf geben, Varoma aufsetzen und ***25 bis 30 Minuten/ Varoma/Stufe 1*** garen. Fest gewordene Masse auf Teller gleiten lassen, mit zwei Gabeln in Stücke reißen und mit Obstmus oder Kompott servieren.

1 Portion enthält: 225 kcal, 16,0 g Eiweiß, 8,4 g Fett, 20,1 g Kohlenhydrate, 0,6 g Ballaststoffe, 1,6 mg Eisen, 1,4 mg Zink

AB 1 JAHR

Dampfnudeln mit Vanillesauce

ZUTATEN FÜR 8 STÜCK:

Für den Teig:

- 100 g Milch
- 10 g Honig
- 15 g Hefe
- 1 Ei
- 30 g Butter
- 200 g Vollkornmehl (Dinkel oder Weizen)
- 70 g Weizen- oder Dinkelmehl
- 1 Prise Salz
- Mehl für die Arbeitsfläche

Für die Vanillesauce:

- 650 g Milch
- 30 g Honig
- 1 Ei
- Mark von ½ Vanilleschote
- 15 g Speisestärke

ZUBEREITUNG:

1. Milch, Honig und Hefe in den Mixtopf geben und ***2 Minuten/37 °C/Stufe 2*** erwärmen.
2. Ei, Butter, Mehl und Salz in den Mixtopf geben und alles ***1 Minute 30 Sekunden/Knetstufe*** kneten.
3. Teig auf einer bemehlten Arbeitsfläche zu 8 etwa gleich großen Kugeln formen, im Varoma-Behälter und im Varoma-Einlegeboden verteilen und an einem warmen Ort 30 Minuten gehen lassen.
4. Für die Vanillesauce Milch, Honig, Ei, Vanillemark und Speisestärke in den Mixtopf geben und ***6 Minuten/90 °C/Stufe 3*** kochen. Die Sauce herausnehmen und warm halten.
5. Wasser in den Mixtopf geben, Gareinsatz einhängen, Varoma mit den Dampfnudeln aufsetzen und ***20 Minuten/Varoma/Stufe 1*** garen.
6. Varoma zur Seite stellen, Gareinsatz mit dem Spatel herausnehmen und Inhalt in eine Schüssel geben. Dampfnudeln mit Vanillesauce servieren.

1 Stück enthält: 238,5 kcal, 9,4 g Eiweiß, 9,0 g Fett, 29,9 g Kohlenhydrate, 2,5 g Ballaststoffe, 2,9 mg Eisen, 1,5 mg Zink

Brot und Brötchen

AB DEM 10. MONAT

Walnuss-Leinsamen-Brot

(Foto siehe Seite 92)

ZUTATEN FÜR 30 SCHEIBEN:

- **700 g Getreidekörner (z. B. Dinkel, Weizen)**
- **2 TL Brotgewürz** (ab 1 Jahr)
- **100 g Walnusskerne**
- **50 g Leinsamen**
- **550 g lauwarmes Wasser**
- **1 Würfel Hefe**
- **2 TL Salz** (ab 1 Jahr)
- **1 TL Honig** (ab 1 Jahr)

Außerdem:

- **1 Kastenform**
- **Fett für die Form**

ZUBEREITUNG:

1. 350 Gramm Getreidekörner in den Mixtopf geben, ***1 Minute/Stufe 10*** mahlen. Mehl herausnehmen und beiseite stellen. Mit der zweiten Portion Körner und optional Brotgewürz ebenso verfahren.
2. Alle Zutaten in den Mixtopf geben und ***3 Minuten/Knetstufe*** kneten.
3. Kastenform einfetten, Teig hineingeben und 30 Minuten zugedeckt gehen lassen. Inzwischen Backofen auf 200 °C (Umluft/Heißluft 180 °C) vorheizen.
4. Brot im Backofen ca. 45 Minuten backen.

1 Scheibe enthält: 103,9 kcal, 3,8 g Eiweiß, 3,2 g Fett, 14,8 g Kohlenhydrate, 3,0 g Ballaststoffe, 1,0 mg Eisen, 0,8 mg Zink

AB DEM 10. MONAT

Karotten-Apfel-Brötchen

ZUTATEN FÜR 16 STÜCK:

- **350 g Getreidekörner**
- **150 g Karotten**
- **200 g Äpfel**
- **100 g Kerne (z. B. Sonnenblumenkerne, Leinsamen, Kürbiskerne)**
- **½ Würfel Hefe**
- **200 g Weizen- oder Dinkelmehl**
- **180 g lauwarmes Wasser**
- **1½ TL Salz** (ab 1 Jahr)

ZUBEREITUNG:

1. Getreidekörner in den Mixtopf geben und ***1 Minute/Stufe 10*** mahlen. Mehl herausnehmen und zur Seite stellen.
2. Karotten schälen und in Stücke schneiden. Äpfel waschen, achteln und Kerngehäuse entfernen. Karotten und Äpfel in den Mixtopf geben und ***5 Sekunden/Stufe 5*** zerkleinern.
3. Alle restliche Zutaten dazugeben und ***3 Minuten/Knetstufe*** kneten. Teig mit Mehl bestreuen und 30 Minuten gehen lassen. Inzwischen den Backofen auf 220 °C (Umluft/Heißluft 200 °C) vorheizen.
4. Mit einem Esslöffel 16 Portionen ausstechen, daraus Brötchen formen, auf ein mit Backpapier ausgelegtes Backblech legen und im Backofen 20 Minuten backen.

1 Stück enthält: 155 kcal, 5,3 g Eiweiß, 3,7 g Fett, 24,8 g Kohlenhydrate, 3,8 g Ballaststoffe, 1,6 mg Eisen, 1,1 mg Zink

Dinkel-Vollkorn-Stangen

AB DEM 8. MONAT

ZUTATEN FÜR 24 STÜCK:

- **700 g Dinkelkörner**
- **50 g Rapsöl**
- **½ Würfel Hefe**
- **320 g lauwarmes Wasser**
- **½ TL Honig** (ab 1 Jahr)
- **2–3 TL Salz** (ab 1 Jahr)
- **Mehl zum Formen**

1 Stück enthält:
115,5 kcal, 5,0 g Eiweiß, 2,5 g Fett, 17,7 g Kohlenhydrate, 2,9 g Ballaststoffe, 1,3 mg Eisen, 1,0 mg Zink

ZUBEREITUNG:

1. 350 Gramm Dinkelkörner in den Mixtopf geben und ***1 Minute/ Stufe 10*** mahlen. Mehl herausnehmen und zur Seite stellen. Mit der zweiten Portion Dinkelkörner ebenso verfahren.
2. Alle Zutaten in den Mixtopf geben und ***3 Minuten/Knetstufe*** kneten. Teig zugedeckt 30 Minuten gehen lassen.
3. Backofen auf 200 °C (Umluft/Heißluft 230 °C) vorheizen. Teig leicht mit Mehl bestäuben, mit einem Löffel 24 Teigportionen ausstechen, daraus Stangen formen und auf ein mit Backpapier ausgelegtes Backblech legen. Stangen im Backofen 15 Minuten backen.

Tipp: Die Stangen eignen sich sehr gut zum Einstieg ins Brotessen. Am besten gleich auf Vorrat backen, denn die Stangen lassen sich gut einfrieren und können dann bei Bedarf aus dem Gefrierfach geholt werden.

Frühstücksbrötchen

AB DEM 10. MONAT

ZUTATEN FÜR 12 STÜCK:

- **300 g Getreidekörner (z. B. Weizen, Dinkel, Buchweizen)**
- **200 g Weizen- oder Dinkelmehl**
- **½ Würfel Hefe**
- **340 g lauwarmes Wasser**
- **30 g Sonnenblumenkerne**
- **2 TL Salz** (ab 1 Jahr)
- **Mehl zum Formen**

ZUBEREITUNG:

1. Alle Körner in den Mixtopf geben und ***1 Minute/Stufe 10*** mahlen.
2. Weizen- oder Dinkelmehl und restliche Zutaten dazugeben und ***2 Minuten 30 Sekunden/ Knetstufe*** kneten. Teig in eine große Schüssel geben, mit Frischhaltefolie zudecken und 12 Stunden (oder über Nacht) im Kühlschrank gehen lassen.
3. Backofen auf 250 °C (Umluft/Heißluft 230 °C) vorheizen. Teig aus dem Kühlschrank nehmen, leicht mit Mehl bestreuen, mit einem Löffel 12 Brötchen ausstechen und diese auf ein mit Backpapier ausgelegtes Backblech legen. Brötchen im Backofen 20 Minuten backen.

1 Stück enthält: 147 kcal, 4,9 g Eiweiß, 1,8 g Fett, 27,3 g Kohlenhydrate, 3,7 g Ballaststoffe, 1,4 mg Eisen, 1,0 mg Zink

Milchbrötchen

AB 1 JAHR

ZUTATEN FÜR 16 STÜCK:

- 130 g Milch
- ½ Würfel Hefe
- 1 TL Honig
- 400 g Weizen- oder Dinkelmehl
- 30 g Butter
- 2 Eier
- 70 g Honig
- ½ TL Salz
- 1 Ei

Außerdem:

- Mehl zum Formen
- 1 Backform

ZUBEREITUNG:

1. Milch, Hefe und Honig in den Mixtopf geben und ***3 Minuten/37 °C/ Stufe 2*** erwärmen.
2. Restliche Zutaten dazugeben und ***5 Minuten/Knetstufe*** kneten. Teig an einem warmen Ort 30 Minuten gehen lassen.
3. Teig in 16 ca. 50 Gramm schwere Stücke teilen. Jedes Teigstück zunächst mit bemehlten Händen zu einer Kugel formen, dann oval ausrollen, von der langen Seite her zur Mitte einschlagen und den Rest darüber schlagen, anschließend von der kurzen Seite her zu einer Rolle aufrollen und mit der Naht nach unten nebeneinander in eine Backform setzen.
4. Form zudecken und Teiglinge nochmals 45 Minuten an einem warmen Ort gehen lassen, bis sich ihr Volumen etwa verdoppelt hat. Inzwischen den Backofen auf 170 °C (Umluft/Heißluft 150 °C) vorheizen.
5. Ei verquirlen, die Teiglinge damit bestreichen und im Backofen 20 bis 25 Minuten backen.

Tipp: Ersetzen Sie einen Teil des Mehls durch selbstgemachtes Mehl aus getrockneten Kichererbsen. Das verleiht den Milchbrötchen einen besonderen Geschmack und macht sie zu wahren Nährstoffbomben. Denn Kichererbsen enthalten viele wertvolle Inhaltstoffe.
Sie können die Teiglinge natürlich auch beliebig anders formen, z. B. einfache Brötchenform, Hörnchen, Knoten, oder mit Mohn oder Sesam bestreuen.

1 Stück enthält: 136,1 kcal, 4,3 g Eiweiß, 3,2 g Fett, 22 g Kohlenhydrate, 0,7 g Ballaststoffe, 0,4 mg Eisen, 0,3 mg Zink

Kuchen und Kekse

Bananenkekse

AB DEM 9. MONAT

ZUTATEN FÜR 50 STÜCK:

- 100 g Dinkelkörner (oder Weizenkörner)
- 100 g Haferflocken
- 1 reife Banane
- 50 g Butter

Außerdem:

- Mehl zum Ausrollen

ZUBEREITUNG:

1. Dinkelkörner in den Mixtopf geben und ***40 Sekunden/Stufe 10*** mahlen. Haferflocken dazugeben und ***10 Sekunden/Stufe 10*** mahlen.
2. Banane schälen. Banane und Butter in Stücke schneiden, beides in den Mixtopf geben und ***5 Sekunden/Stufe 8*** verrühren. Anschließend den Teig ***2 Minuten/Knetstufe*** kneten, in eine Schüssel umfüllen und 10 Minuten ruhen lassen.
3. Backofen auf 200 °C (Umluft/Heißluft 180 °C) vorheizen. Teig auf einer bemehlten Arbeitsfläche ausrollen, Kekse ausstechen und auf ein mit Backpapier ausgelegtes Backblech legen. Im Backofen 10 bis 15 Minuten backen.

1 Stück enthält: 17 kcal, 0,4 g Eiweiß, 0,3 g Fett, 2,8 g Kohlenhydrate, 0,3 g Ballaststoffe, 0,1 mg Eisen, 0,1 mg Zink

Schokomuffins

(Foto auf Seite 100)

AB 1 JAHR

ZUTATEN FÜR 12 STÜCK:

- 150 g Dinkelkörner (oder Weizenkörner)
- 75 g Haselnusskerne
- 150 g Apfel
- 180 g Trockenfrüchte
- 3 Eier
- 150 g Rapsöl
- 30 g ungesüßtes Kakaopulver
- 1 Päckchen Backpulver
- 50 g Honig (optional)

Außerdem:

- 1 Muffinblech
- Fett für die Form

ZUBEREITUNG:

1. Backofen auf 180 °C (Umluft/Heißluft 160 °C) vorheizen. Dinkelkörner in den Mixtopf geben, ***1 Minute/Stufe 10*** mahlen. Mehl herausnehmen und beiseite stellen. Haselnusskerne in den Mixtopf geben, ***8 Sekunden/Stufe 8*** zerkleinern und zum Mehl geben.
2. Apfel waschen, vierteln und Kerngehäuse entfernen. Trockenfrüchte und Apfel in den Mixtopf geben, ***10 Sekunden/Stufe 8*** zerkleinern und mit dem Spatel nach unten schieben.
3. Mehl-Nuss-Mischung mit den restlichen Zutaten dazugeben und ***1 Minute/Stufe 4*** vermischen.
4. Die Mulden des Muffinblechs einfetten, den Teig einfüllen und im Backofen 25 bis 30 Minuten backen.

1 Stück enthält: 284,9 kcal, 5,8 g Eiweiß, 18,5 g Fett, 23,3 g Kohlenhydrate, 3,4 g Ballaststoffe, 2,3 mg Eisen, 0,9 mg Zink

Vollkorn-Bananen-Kuchen

AB DEM 9. MONAT

ZUTATEN FÜR 12 STÜCK:

- 4 Eier
- 300 g Dinkelkörner (oder Weizenkörner)
- 100 g Mandelkerne
- 2 sehr reife Bananen
- 1 Päckchen Backpulver
- 300 g Milch

Außerdem:

- Springform (Durchmesser 26 cm) oder Guglhupfform
- Fett für die Form

ZUBEREITUNG:

1. Backofen auf 180 °C (Umluft/Heißluft 160 °C) vorheizen. Eier trennen. Rühraufsatz einsetzen, Eiklar im Mixtopf bei ***Stufe 3,5*** zu Eischnee schlagen, umfüllen und kühl stellen. Mixtopf spülen und trocknen.
2. Dinkelkörner in den Mixtopf geben und ***1 Minute/Stufe 10*** mahlen. Mehl herausnehmen und beiseite stellen. Mandelkerne in den Mixtopf geben, ***20 Sekunden/Stufe 10*** mahlen und zum Mehl geben.
3. Bananen schälen und in den Mixtopf geben, ***2 x 5 Sekunden/Stufe 4*** zerkleinern, zwischendrin mit dem Spatel Masse nach unten schieben. Mehl-Mandel-Mischung, Eigelb, Backpulver und Milch dazugeben und ***30 Sekunden/Stufe 4*** vermischen. Eischnee mit dem Spatel vorsichtig unterheben. Den Teig in die gefettete Form füllen und im Ofen 60 Minuten backen.

1 Stück enthält: 184 kcal, 8,0 g Eiweiß, 8,1 g Fett, 19,4 g Kohlenhydrate, 4,1 g Ballaststoffe, 1,7 mg Eisen, 1,3 mg Zink

Hirsemuffins

AB 1 JAHR

ZUTATEN FÜR 12 STÜCK:

- 2 Eier
- 50 g Getreidekörner (z. B. Weizen, Dinkel, Buchweizen)
- 40 g Walnusskerne
- 1 Apfel (oder Birne, Pfirsich)
- 100 g ungeschwefelte Trockenfrüchte
- 100 g Hirse
- 140 g Wasser
- 1 TL Backpulver
- 50 g Honig (optional)

Außerdem:

- 1 Muffinblech
- Fett für die Form

ZUBEREITUNG:

1. Backofen auf 180 °C (Umluft/Heißluft 160 °C) vorheizen. Eier trennen. Eiklar in den Mixtopf geben, Rühraufsatz einsetzen, bei ***Stufe 3,5*** zu Eischnee schlagen, umfüllen und kalt stellen. Mixtopf spülen und trocknen.
2. Getreidekörner in den Mixtopf geben und ***1 Minute/Stufe 10*** mahlen. Mehl herausnehmen und zur Seite stellen. Walnusskerne in den Mixtopf geben, ***10 Sekunden/Stufe 8*** zerkleinern, herausnehmen und zur Seite stellen.
3. Apfel waschen, halbieren, Kerngehäuse entfernen und in Stücke schneiden, zusammen mit den Trockenfrüchten in den Mixtopf geben, ***15 Sekunden/Stufe 8*** zerkleinern und mit dem Spatel nach unten schieben.
4. Alle weiteren Zutaten außer Eischnee dazugeben und ***1 Minute/Stufe 3*** unter die Fruchtmischung rühren. Eischnee vorsichtig mit dem Spatel unterheben. Mulden des Muffinblechs einfetten und den Teig einfüllen. Im Backofen 25 Minuten backen.

1 Stück enthält: 106 kcal, 3,2 g Eiweiß, 8,4 g Fett, 14,7 g Kohlenhydrate, 1,3 g Ballaststoffe, 1,4 mg Eisen, 0,6 mg Zink

Saftiger Käsekuchen

AB 1 JAHR

ZUTATEN FÜR 8 STÜCK:

Für den Mürbteig:

- 75 g Getreidekörner (z. B. Dinkel, Weizen, Buchweizen)
- 40 g Butter
- 25 g Wasser
- 1 Messerspitze Backpulver

Für die Käsemasse:

- 4 Eier
- 100 g Apfel-Birnen-Mus (siehe Seite 57)
- 200 g Frischkäse (Doppelrahmstufe) oder Quark (20 % Fett i. Tr.)
- 25 g Vollkorngrieß (Weizen oder Dinkel)
- 100 g Honig

Außerdem:

- Springform (20 cm Durchmesser)
- Fett für die Form

ZUBEREITUNG:

1. Für den Mürbteig Getreidekörner in den Mixtopf geben und ***1 Minute/ Stufe 10*** mahlen.
2. Butter, Wasser und Backpulver dazugeben und ***20 Sekunden/Stufe 4*** vermischen. Die Teigmasse herausnehmen, zu einer Kugel formen und für ca. 20 Minuten in den Kühlschrank stellen. Mixtopf spülen und trocknen. Backofen auf 170 °C (Umluft/Heißluft 150 °C) vorheizen.
3. Inzwischen für die Frischkäsemasse Eier trennen. Eiklar in den Mixtopf geben, Rühreinsatz einsetzen und bei ***Stufe 3,5*** zu Eischnee schlagen. Eischnee umfüllen und kalt stellen.
4. Apfel-Birnen-Mus, Frischkäse und Honig in den Mixtopf geben und ***30 Sekunden/Stufe 3*** vermischen.
5. Eigelb dazugeben und ***30 Sekunden/Stufe 3,5*** vermischen. Grieß und Eischnee mit einem Spatel vorsichtig unterheben.
6. Den gekühlten Mürbteig in eine gefettetete Springform drücken, die Frischkäsemasse gleichmäßig darauf verteilen und im Backofen 35 Minuten backen. Kuchen noch ca. 10 Minuten im ausgeschalteten Backofen ruhen lassen. Nach dem Abkühlen aus der Form lösen und in Stücke schneiden.

Variante: Keine Zeit? Dann lassen Sie den Mürbteig ganz einfach weg. Schmeckt mindestens genauso gut.

1 Stück enthält: 250 kcal, 7,7 g Eiweiß, 15,5 g Fett, 20 g Kohlenhydrate, 0,6 g Ballaststoffe, 1,1 mg Eisen, 0,8 mg Zink

AB 1 JAHR

Aprikosenkonfekt

ZUTATEN FÜR 20 STÜCK:

- 120 g ungeschwefelte getrocknete Aprikosen
- 25 g blanchierte Mandelkerne
- 30 g Kokosflocken
- 1 TL Zitronensaft

Außerdem:

- Kokosflocken zum Wälzen
- 20 kleine Papierförmchen

ZUBEREITUNG:

1. Alle Zutaten in den Mixtopf geben und ***15 Sekunden/Stufe 8 bis 10*** zerkleinern.
2. Aus der Masse 20 kleine Kugeln formen, in Kokosflocken wälzen und in kleine Papierförmchen geben. In einer Keksdose hält sich das Aprikosenkonfekt 2 bis 3 Wochen.

1 Stück enthält: 31 kcal, 0,6 g Eiweiß, 1,7 g Fett, 3,1 g Kohlenhydrate, 1,2 g Ballaststoffe, 0,3 mg Eisen, 0,1 mg Zink

AB 1 JAHR

Powerkugeln

ZUTATEN FÜR 25 STÜCK:

- 40 g Kürbiskerne
- 60 g Cashewkerne
- 50 g Datteln
- 50 g Cranberrys

Außerdem:

- Kokosflocken zum Wälzen

ZUBEREITUNG:

1. Kürbiskerne in den Mixtopf geben und ***5 Sekunden/Stufe 8*** zerkleinern. Herausnehmen und zur Seite stellen.
2. Cashewkerne, Datteln, Cranberrys und die Hälfte der zerkleinerten Kürbiskerne in den Mixtopf geben und ***10 Sekunden/Stufe 10*** zerkleinern.
3. Aus der Masse 25 kleine Kugeln formen und in den zerkleinerten Kürbiskernen oder Kokosflocken wälzen. In einer Keksdose halten sich die Powerkugeln 2 bis 3 Wochen.

1 Stück enthält: 34 kcal, 0,8 g Eiweiß, 1,7 g Fett, 3,6 g Kohlenhydrate, 0,6 g Ballaststoffe, 0,3 mg Eisen, 0 g Zink

Vollwert-Lebkuchen

AB 1 JAHR

ZUTATEN FÜR 50 STÜCK:

- 100 g Roggenkörner
- 100 g Weizen- oder Dinkelkörner
- 60 g Datteln
- 30 g Butter
- 1 TL Backpulver
- 1 Ei
- 1 EL Lebkuchengewürz
- 50 g Honig

Außerdem:

- Mehl zum Ausrollen
- 1 Ei zum Bestreichen

ZUBEREITUNG:

1. Getreidekörner in den Mixtopf geben und ***1 Minute/Stufe 10*** mahlen. Mehl herausnehmen und zur Seite stellen.
2. Datteln in den Mixtopf geben, ***3 x 3 Sekunden/Stufe 8*** zerkleinern, zwischendurch Masse mit dem Spatel nach unten schieben.
3. Mehl, 1 Ei und restliche Zutaten dazugeben und ***2 Minuten/Knetstufe*** kneten. Teig zu einer Kugel formen und 30 Minuten im Kühlschrank ruhen lassen.
4. Backofen auf 180 °C (Umluft/Heißluft 160 °C) vorheizen. Ei verquirlen. Teig auf einer bemehlten Arbeitsfläche ausrollen, Kekse ausstechen und auf ein mit Backpapier ausgelegtes Backblech legen. Kekse mit dem Ei bestreichen und im Backofen 10 bis 15 Minuten backen.

1 Stück enthält: 24 kcal, 0,6 g Eiweiß, 0,7 g Fett, 3,1 g Kohlenhydrate, 0,6 mg Ballaststoffe, 0,2 mg Eisen, 0,2 mg Zink

AB 1 JAHR

Haferflockenkekse

ZUTATEN FÜR 40 STÜCK:

- 110 g Haferflocken
- 20 g Mandelkerne
- 8 getrocknete Datteln
- ½ TL Backpulver
- 30 g Honig
- 20 g Butter
- 30 g Naturjoghurt (3,8 % Fett)

ZUBEREITUNG:

1. Haferflocken in den Mixtopf geben und ***8 Sekunden/Stufe 5*** mahlen. Mehl herausnehmen und zur Seite stellen.
2. Mandelkerne in den Mixtopf geben und ***8 Sekunden/Stufe 8*** zerkleinern. Zum Haferflockenmehl geben.
3. Datteln in den Mixtopf geben und ***10 Sekunden/Stufe 8*** zerkleinern.
4. Haferflocken-Mandel-Mischung mit den restlichen Zutaten zu den Datteln geben und alles ***40 Sekunden/Stufe 4*** vermischen. Teig aus dem Mixtopf nehmen und kurz ruhen lassen.
5. Backofen auf 190 °C (Umluft/Heißluft 170 °C) vorheizen. Aus dem Teig 40 kleine Kugeln formen, flach drücken, auf ein mit Backpapier ausgelegtes Backblech setzen und im Backofen 10 bis 15 Minuten backen.

1 Stück enthält: 22 kcal, 0,5 g Eiweiß, 0,9 g Fett, 3,0 g Kohlenhydrate, 0,3 g Ballaststoffe, 0,2 mg Eisen, 0,2 mg Zink

AB 1 JAHR

Kokos-Vollwertkekse

ZUTATEN FÜR 80 STÜCK:

- **130 g Getreidekörner (z. B. Weizen, Dinkel, Buchweizen)**
- **40 g Mandelkerne**
- **30 g weiche Butter**
- **80 g Honig**
- **30 g Vollkorngrieß (Weizen oder Dinkel)**
- **1 Ei**
- **½ TL Zimtpulver**
- **1 Messerspitze Backpulver**
- **50 g Kokosflocken**

ZUBEREITUNG:

1. Getreidekörner in den Mixtopf geben und ***1 Minute/Stufe 10*** mahlen. Mehl herausnehmen und zur Seite stellen.
2. Mandelkerne in den Mixtopf geben und ***10 Sekunden/Stufe 8*** zerkleinern. Herausnehmen und zur Seite stellen.
3. Butter und Honig in den Mixtopf geben und ***1 Minute/50 °C/Stufe 2,5*** erwärmen.
4. Mehl und Mandeln mit den restlichen Zutaten dazugeben und ***1 Minute/Stufe 3,5*** vermischen. Teig 30 Minuten im Kühlschrank ruhen lassen.
5. Backofen auf 180 °C (Umluft/Heißluft 160 °C) vorheizen. Teig ca. 2 bis 3 Millimeter dick ausrollen. Kekse ausstechen und auf ein mit Backpapier ausgelegtes Backblech legen, im Backofen 12 bis 15 Minuten backen.

1 Stück enthält: 20,1 kcal, 0,4 g Eiweiß, 1,1 g Fett, 2,0 g Kohlenhydrate, 0,3 g Ballaststoffe, 0,1 mg Eisen, 0,0 mg Zink

Snacks zum Mitnehmen

AB DEM 9. MONAT

Zwieback

(Foto siehe Seite 116)

ZUTATEN FÜR 30 SCHEIBEN:

- **125 g Milch**
- **25 g Butter**
- **¼ Würfel frische Hefe**
- **250 g Weizen- oder Dinkelmehl**
- **1 EL Honig** (ab 1 Jahr)

ZUBEREITUNG:

1. Milch, Butter, Hefe und optional Honig in den Mixtopf geben und ***2 Minuten/37 °C/Stufe 2*** erwärmen. Mehl zugeben und ***3 Minuten/Knetstufe*** kneten.
2. Teig in Baguetteform geben oder auf einem mit Backpapier ausgelegten Backblech einen länglichen Laib formen und 20 Minuten gehen lassen. Backofen auf 170 °C (Umluft/Heißluft 150 °C) vorheizen.
3. Gebäck im Backofen 30 Minuten backen, herausnehmen und abkühlen lassen. 1 bis 2 Tage ruhen lassen, am besten in einer Plastiktüte.
4. Backofen auf 170 °C (Umluft/Heißluft 150 °C) vorheizen. Gebäck in 30 Scheiben schneiden. Die Scheiben auf ein mit Backpapier ausgelegtes Backblech legen. Im Ofen 15 Minuten backen, wenden und nochmal 15 Minuten backen. Der Zwieback ist luftdicht verschlossen mehrere Monate haltbar.

1 Scheibe enthält: 37 kcal, 1,0 g Eiweiß, 0,9 g Fett, 6,1 g Kohlenhydrate, 0,3 g Ballaststoffe, 0,1 mg Eisen, 0,1 mg Zink

AB DEM 9. MONAT

Knäckebrot

ZUTATEN FÜR 20 SCHEIBEN:

- **140 g Getreidekörner (z. B. Buchweizen, Dinkel, Weizen)**
- **10 g Chiasamen**
- **110 g Haferflocken**
- **130 g gemischte Kerne (z. B. Sesam, Leinsamen, Kürbiskerne)**
- **50 g Rapsöl**
- **400 g Wasser**
- **1 TL Salz** (ab 1 Jahr)

ZUBEREITUNG:

1. Getreidekörner und Chiasamen ***30 Sekunden/Stufe 10*** im Mixtopf mahlen.
2. Restliche Zutaten dazugeben und ***20 Sekunden/Linkslauf/Stufe 4*** verrühren. Die Masse 60 Minuten quellen lassen. Inzwischen den Backofen auf 180 °C (Umluft/Heißluft 160 °C) vorheizen.
3. Teig auf zwei mit Backpapier belegte Backbleche streichen und im Backofen 20 Minuten backen.
4. Teigplatten in 20 Stücke schneiden und noch einmal 30 Minuten backen. Backzeit bei Bedarf noch verlängern, bis die Scheiben schön trocken sind.

1 Scheibe enthält: 103 kcal, 3,1 g Eiweiß, 6,3 g Fett, 8,6 g Kohlenhydrate, 1,6 g Ballaststoffe, 0,9 mg Eisen, 0,8 mg Zink

Vollkorn-Grissini

AB DEM 10. MONAT

ZUTATEN FÜR 40 STÜCK:

- **600 g Getreidekörner (z. B. Weizen, Dinkel, Buchweizen)**
- **3 TL getrocknete italienische Kräuter**
- **½ Würfel Hefe**
- **320 g lauwarmes Wasser**
- **50 g Olivenöl**
- **3 TL Salz** (ab 1 Jahr)

Außerdem:

- **Mehl zum Ausrollen**

ZUBEREITUNG:

1. 300 Gramm Getreidekörner und Kräuter in den Mixtopf geben, ***1 Minute/ Stufe 10*** mahlen. Mehl herausnehmen und zur Seite stellen. Restliche Körner in den Mixtopf geben und ***1 Minute/Stufe 10*** mahlen.
2. Alle Zutaten in den Mixtopf geben, Hefe dabei leicht zerbröseln und alles ***3 Minuten/Knetstufe*** zu einem Teig kneten. Teig zugedeckt an einem warmen Ort 20 Minuten gehen lassen. Inzwischen den Backofen auf 200 °C (Umluft/Heißluft 180 °C) vorheizen.
3. Mit einem Löffel 40 Teigportionen zu je ca. 20 Gramm ausstechen, diese auf einer bemehlten Arbeitsfläche zu ca. 0,5 Zentimeter dicken Stangen formen und auf ein mit Backpapier ausgelegtes Backblech legen. Stangen im Backofen 30 bis 40 Minuten backen, bis sie trocken sind.

1 Stück enthält: 66 kcal, 2,0 g Eiweiß, 1,6 g Fett, 10,7 g Kohlenhydrate, 1,8 g Ballaststoffe, 0,6 mg Eisen, 0,5 mg Zink

Vollkorn-Gemüse-Stangen

AB DEM 10. MONAT

ZUTATEN FÜR 12 STÜCK:

- **280 g Getreidekörner (z. B. Weizen, Dinkel, Buchweizen)**
- **20 g Chiasamen**
- **50 g getrocknete Kichererbsen**
- **100 g Knollensellerie**
- **100 g Karotten**
- **50 g Gemüse nach Wahl (z. B. Zucchini)**
- **30 g Rapsöl**
- **15 g Hefe**
- **100 g Wasser**
- **1 TL Suppengrundstock** (ab 1 Jahr)

Außerdem:

- **Mehl zum Ausrollen**

ZUBEREITUNG:

1. Buchweizen, Chiasamen und Kichererbsen in den Mixtopf geben und ***1 Minute/Stufe 10*** mahlen. Mehl herausnehmen und zur Seite stellen.
2. Knollensellerie und Karotten schälen, Gemüse nach Wahl waschen, putzen, bei Bedarf schälen und alles in Stücke schneiden. Anschließend in den Mixtopf geben und ***5 Sekunden/Stufe 5*** zerkleinern.
3. Mehl und restliche Zutaten zugeben und alles ***2 Minuten/Knetstufe*** kneten. Teig zugedeckt mindestens 30 Minuten gehen lassen. Inzwischen Backofen auf 200 °C (Umluft/Heißluft 180 °C) vorheizen.
4. Mit einem Löffel 12 Teigportionen ausstechen und mit leicht bemehlten Händen zu Stangen formen, auf ein mit Backpapier ausgelegtes Backblech legen und 20 Minuten backen. Abkühlen lassen, einfrieren und nach Bedarf wieder auftauen.

1 Stück enthält: 103 kcal, 3,1 g Eiweiß, 6,3 g Fett, 8,6 g Kohlenhydrate, 1,6 g Ballaststoffe, 0,9 mg Eisen, 0,8 mg Zink

Getreide-Obst-Stangen

AB DEM 8. MONAT

ZUTATEN FÜR 12 STÜCK:

- **350 g Getreidekörner (z. B. Weizen, Dinkel, Buchweizen)**
- **1 reife Banane**
- **1 Apfel (oder ein anderes Obst wie Pfirsich oder Birne)**
- **30 g Rapsöl**

Außerdem:

- **Mehl zum Ausrollen**

ZUBEREITUNG:

1. Getreidekörner in den Mixtopf geben und ***1 Minute/Stufe 10*** mahlen. Mehl herausnehmen und zur Seite stellen.
2. Banane schälen, Apfel waschen, halbieren, Kerngehäuse entfernen und beides in Stücke schneiden. Früchte in den Mixtopf geben und ***10 Sekunden/Stufe 5*** zerkleinern.
3. Mehl und Öl dazugeben und alles ***2 Minuten/Knetstufe*** kneten, anschließend 15 Minuten quellen lassen. Inzwischen Backofen auf 200 °C (Umluft/Heißluft 180 °C) vorheizen.
4. Mit einem Löffel 12 Teigportionen ausstechen und mit leicht bemehlten Händen zu Stangen formen. Auf ein mit Backpapier ausgelegtes Backblech legen und 20 Minuten backen. Abkühlen lassen, einfrieren und nach Bedarf wieder auftauen.

1 Stück enthält: 123 kcal, 3,5 g Eiweiß, 3,1 g Fett, 11,6 g Kohlenhydrate, 3,3 g Ballaststoffe 1,0 mg Eisen, 0,8 mg Zink

Vollwert-Nuss-Taler

AB 1 JAHR

ZUTATEN FÜR 40 STÜCK:

- **100 g Weizen- oder Dinkelkörner**
- **75 g Walnusskerne**
- **75 g Haselnusskerne**
- **120 g ungeschwefelte Trockenfrüchte (z. B. Cranberrys, Rosinen, Datteln)**
- **2 Eier**
- **1 TL Zitronensaft**
- **1 TL Zimtpulver (optional)**

ZUBEREITUNG:

1. Backofen auf 180 °C (Umluft/Heißluft 160 °C) vorheizen. Getreidekörner in den Mixtopf geben, ***1 Minute/Stufe 10*** mahlen. Mehl herausnehmen und zur Seite stellen. Dann Nüsse in den Mixtopf geben, ***3 Sekunden/Stufe 6*** zerkleinern und zum Mehl geben. Anschließend Trockenfrüchte in den Mixtopf geben und ***5 Sekunden/Stufe 8*** zerkleinern.
2. Eier, Mehl, Nüsse, Zitronensaft und optional Zimt dazugeben und alles ***1 Minute/Knetstufe*** kneten. Aus dem Teig eine 4 Zentimeter dicke Rolle formen, auf ein mit Backpapier ausgelegtes Backblech legen. Im Backofen 20 Minuten backen, abkühlen lassen.
3. Rolle in ca. 0,5 Zentimeter dicke Scheiben schneiden. In einer Keksdose gelagert sind die Taler etwa 2 bis 3 Wochen haltbar.

1 Stück enthält: 46 kcal, 1,3 g Eiweiß, 2,7 g Fett, 3,9 g Kohlenhydrate, 0,7 g Ballaststoffe, 0,3 mg Eisen, 0,2 mg Zink

Vollkorn-Löffelbiskuits

AB DEM 8. MONAT

ZUTATEN FÜR 30 STÜCK:

- **120 g Getreidekörner (z. B. Weizen, Dinkel, Buchweizen)**
- **3 Eier**
- **40 g Honig** (ab 1 Jahr)
- **1 TL Backpulver**

Außerdem:

- **1 Spritzbeutel mit großer Lochtülle**

ZUBEREITUNG:

1. Backofen auf 170 °C (Umluft/Heißluft 150 °C) vorheizen. Getreidekörner in den Mixtopf geben und ***2 Minuten/Stufe 10*** mahlen. Mehl herausnehmen und zur Seite stellen.
2. Mixtopf spülen und trocknen. Rühraufsatz einsetzen. Eier trennen. Eiklar in den Mixtopf geben und ***1 Minute/Stufe 3,5*** schaumig rühren. Anschließend Eigelbe sowie optional Honig dazugeben und ***1 Minute/Stufe 3,5*** schaumig rühren.
3. Mehl und Backpulver dazugeben und ***2 Minuten/Stufe 3*** rühren. Den Teig in den Spritzbeutel füllen und mit etwas Abstand 10 Zentimeter lange und 2 Zentimeter breite Stangen auf ein mit Backpapier ausgelegtes Backblech spritzen. Löffelbiskuits 12 bis 15 Minuten backen, bis sie knusprig sind.

1 Stück enthält: 25,9 kcal, 1,2 g Eiweiß, 0,7 g Fett, 3,7 g Kohlenhydrate, 0,4 g Ballaststoffe, 0,2 mg Eisen, 0,1 mg Zink

Powerriegel

AB 1 JAHR

ZUTATEN FÜR 10 STÜCK:

- **35 g ungeschwefelte Trockenfrüchte (z. B. Aprikosen, Datteln)**
- **40 g Nüsse (z. B. Walnusskerne)**
- **20 g Chiasamen**
- **80 g Mandelkerne**
- **1 Ei**
- **1 Prise Salz (optional)**
- **30 g gemischte Kerne (z. B. Kürbiskerne)**

Außerdem:

- **1 gefettetete Auflaufform**

ZUBEREITUNG:

1. Backofen auf 160 °C (Umluft/Heißluft 140 °C) vorheizen. Trockenfrüchte, Nüsse und Chiasamen in den Mixtopf geben und ***4 Sekunden/Stufe 7*** zerkleinern. Frucht-Nuss-Mischung herausnehmen und zur Seite stellen.
2. Mandelkerne in den Mixtopf geben und ***8 Sekunden/Stufe 9*** mahlen. Ei und optional Salz zugeben, alles ***4 Sekunden/Stufe 4*** vermischen und mit dem Spatel nach unten schieben.
3. Frucht-Nuss-Mischung und Kerne dazugeben und alles ***15 Sekunden/Linkslauf/Stufe 3*** vermischen.
4. Masse in die Auflaufform streichen, etwa 0,5 Zentimeter dick. Im Backofen 25 bis 30 Minuten goldbraun backen. Herausholen, noch warm in 10 Riegel schneiden und abkühlen lassen. In einer Keksdose gelagert sind die Powerriegel mehrere Wochen haltbar.

1 Stück enthält: 124 kcal, 3,9 g Eiweiß, 9,7 g Fett, 5,1 g Kohlenhydrate, 2,7 g Ballaststoffe, 1,0 mg Eisen, 0,5 mg Zink

AB DEM 8. MONAT

Fruchtschlangen

ZUTATEN FÜR 20 STÜCK:

- **300 g Obst nach Wahl (z. B. Erdbeeren, Kirschen, Aprikosen)**
- **1 reife Banane**
- **1 EL Flohsamenschalen**

1 Stück enthält:
12 kcal, 0,2 g Eiweiß, 0,1 g Fett, 2,4 g Kohlenhydrate, 0,5 g Ballaststoffe, 0,2 mg Eisen, 0,0 mg Zink

ZUBEREITUNG:

1. Backofen auf 60 °C Heißluft vorheizen. Obst waschen, putzen. Banane schälen und in Stücke schneiden. Alle Zutaten in den Mixtopf geben und ***1 Minute/Stufe 10*** sehr fein pürieren.
2. Fruchtmus auf ein mit Backpapier ausgelegtes Backblech streichen und 90 Minuten im Backofen trocknen; dabei einen Kochlöffel in die Backofentür klemmen, damit die Feuchtigkeit entweichen kann. Fruchtmasse vom Backpapier vorsichtig lösen, umdrehen und nochmal 30 Minuten im Backofen weiter trocknen.
3. Die noch leicht feuchte, elastische Masse in 20 Streifen schneiden und gegebenenfalls nochmals 20 bis 30 Minuten trocknen (die Streifen sollten sich leicht ledrig anfühlen). Luftdicht verschlossen sind die Fruchtschlangen mehrere Wochen haltbar.

Tipp: Je nach Wahl des Obstes können hier die verschiedensten Geschmacksrichtungen kreiert werden. Wer es etwas süßer mag, kann ab dem 1. Lebensjahr noch ein wenig Honig dazugeben.

AB 1 JAHR

Fruchtgummis

ZUTATEN FÜR 20 STÜCK:

- **7 Blatt Gelatine**
- **120 g Fruchtsaft nach Wahl**
- **2 Gewürznelken**
- **1 Zimtstange**
- **5–10 g Honig (optional)**

Außerdem:

- **Pralinenform aus Silikon**

ZUBEREITUNG:

1. Gelatine in kaltem Wasser einweichen. Fruchtsaft, Gewürze und wahlweise Honig in den Mixtopf geben und ***10 Minuten/70 °C/Linkslauf/Stufe 1*** einkochen. Zimtstange und Gewürznelken entfernen.
2. Eingeweichte Gelatine ausdrücken, in den Mixtopf geben und alles ***1 Minute/70 °C/Stufe 2*** rühren. Die Masse sofort in die Pralinenform gießen und für mindestens 2 Stunden in den Kühlschrank stellen. Gehärtete Fruchtgummis aus der Form drücken. Sie halten sich etwa 2 bis 3 Tage.

1 Stück enthält: 3 kcal, 0 g Eiweiß, 0 g Fett, 0,6 g Kohlenhydrate, 0 g Ballaststoffe, 0 mg Eisen, 0 mg Zink

AB 1 JAHR

Fruchtschnitten

ZUTATEN FÜR 10 STÜCK:

- **175 g ungeschwefelte Trockenfrüchte (z. B. Datteln, Cranberrys, Mango, Rosinen, Pflaumen, Aprikosen)**
- **30 g Haferflocken**
- **40 g Mandelkerne**
- **2 eckige Oblaten (20 x 10 cm)**

ZUBEREITUNG:

1. Trockenfrüchte, Haferflocken und Mandelkerne in den Mixtopf geben und ***1 Minute/Stufe 10*** zerkleinern, bis die Masse klebrig wird.
2. Masse auf eine Oblate streichen, die zweite Oblate darauflegen und fest drücken. Mit einem sehr scharfen Messer in 10 Riegel schneiden. Luftdicht verschlossen sind die Fruchtschnitten einige Wochen haltbar.

Tipp: Hier können Sie mit Ihren Vorlieben spielen. Mögliche Kombinationen sind zum Beispiel Cranberry-Dattel-Rosinen oder Mango-Kokosnuss-Aprikose. Bei der zweiten Variante ersetzen Sie einfach einen Teil der Trockenfrüchte durch Kokosnussraspel.

1 Stück enthält: 87 kcal, 1,7 g Eiweiß, 2,6 g Fett, 13,7 g Kohlenhydrate, 1,4 g Ballaststoffe, 0,7 mg Eisen, 0,3 mg Zink

AB 1 JAHR

Schokobananen (Foto siehe Seite 131)

ZUTATEN FÜR 10 STÜCK:

- **2 sehr reife Bananen**
- **20 g Speisestärke**
- **2 TL gemahlene Gelatine**
- **50 g zuckerfreie Schokolade**
- **10 g Butter**

Außerdem:

- **Pralinenform aus Silikon**

ZUBEREITUNG:

1. Bananen schälen, in Stücke schneiden und in den Mixtopf geben, ***2 x 5 Sekunden/Stufe 5*** zerkleinern, zwischendurch die Masse mit dem Spatel nach unten schieben. Speisestärke und Gelatine dazugeben und ***5 Minuten/70 °C/Stufe 2,5*** ohne Messbecher erwärmen.
2. Masse in die Silikonform streichen und für mindestens 1 Stunde in den Kühlschrank stellen.
3. Für den Schokoladenüberzug Schokolade in den Mixtopf geben und ***10 Sekunden/Stufe 9*** zerkleinern. Butter zugeben und ***2 Minuten/50 °C/Stufe 2*** schmelzen. Fest gewordene Bananenmasse aus der Form lösen und mit der Schokolade überziehen. Schokoladenglasur gut trocknen lassen.

1 Stück enthält: 60,1 kcal, 0,6 g Eiweiß, 2,5 g Fett, 8,6 g Kohlenhydrate, 1,0 g Ballaststoffe, 0,3 mg Eisen, 0,1 mg Zink

AB 1 JAHR

Milchschnitten

ZUTATEN FÜR 20 STÜCK:

Für die Füllung:

- 2 Blatt Gelatine
- 100 g Milch
- 70 g Honig
- 100 g Quark (20 % Fett i. Tr.)
- 100 g Frischkäse (Vollfettstufe)
- 80 g Milchpulver (oder Kaffeeweißer)
- Mark von ¼ Vanilleschote
- 1 TL Zitronensaft

Für den Teig:

- 4 Eier
- Mark von ¼ Vanilleschote
- 50 g Honig
- 50 g Vollkornmehl (Weizen oder Dinkel)
- 20 g ungesüßtes Kakaopulver
- 1 TL Backpulver

ZUBEREITUNG:

1. Für die Füllung Gelatineblätter in kaltem Wasser einweichen. Den Backofen auf 190 °C (Umluft/Heißluft 170 °C) vorheizen.
2. Milch und Honig in den Mixtopf geben und ***1 Minute 30 Sekunden/70 °C/Stufe 2*** erwärmen.
3. Gelatine ausdrücken und im Mixtopf in der heißen Flüssigkeit ***30 Sekunden/70 °C/Stufe 2*** auflösen. Dann ***3 Minuten/70 °C/Stufe 3*** einstellen und in dieser Zeit die restlichen Zutaten langsam nach und nach zugeben. Rühraufsatz einsetzen.
4. Die Füllung mit dem Rühraufsatz noch ***1 Minute/70 °C/Stufe 3,5*** cremig rühren. In eine Schüssel geben und auskühlen lassen. Mixtopf spülen und trocknen.
5. Rühraufsatz einsetzen. Eier, Vanillemark und Honig in den Mixtopf geben und ***2 Minuten/Stufe 3,5*** rühren.
6. Kakaopulver, Backpulver und Vollkornmehl dazugeben und ***2 Minuten/Stufe 3*** rühren.
7. Den Teig gleichmäßig etwa 0,5 Zentimeter dick auf ein mit Backpapier ausgelegtes Backblech streichen und im Backofen 15 bis 20 Minuten backen. Auskühlen lassen.
8. Den Boden in 20 rechteckige Teile schneiden, anschließend in der Mitte durchschneiden. Die Creme jeweils auf den Boden streichen und den Deckel darauflegen und festdrücken. Die fertigen Milchschnitten im Kühlschrank lagern und innerhalb weniger Tage aufbrauchen.

1 Stück enthält: 92,8 kcal, 4,3 g Eiweiß, 4,8 g Fett, 7,7 g Kohlenhydrate, 0,7 g Ballaststoffe, 0,9 mg Eisen, 0,4 mg Zink

Für den Vorrat und zum Trinken

AB DEM 6. MONAT

Kichererbsenaufstrich mit Roter Bete

ZUTATEN FÜR 12 PORTIONEN:

- 100 g getrocknete Kichererbsen
- 1000 g Wasser
- 10 g Rapsöl
- 150 g vorgegarte Rote Bete
- 15 g Olivenöl
- 40 g Naturjoghurt (3,8 % Fett)
- etwas Zitronensaft
- ½ TL Salz (ab 1 Jahr)

Außerdem:

- 2 sterilisierte Gläser (à 200 ml)

ZUBEREITUNG:

1. Kichererbsen 12 Stunden in kaltem Wasser einweichen. Einweichwasser wegschütten und die Kichererbsen in den Gareinsatz geben. Wasser und Rapsöl in den Mixtopf geben, Gareinsatz einhängen und die Kichererbsen ***45 Minuten/98 °C/Stufe 1,5*** garen.
2. Gareinsatz entnehmen und Garflüssigkeit auffangen. Gekochte Kichererbsen, 30 Gramm Garflüssigkeit und restliche Zutaten in den Mixtopf geben und ***30 Sekunden/Stufe 5 bis 8*** vermischen. Zwischendurch die Masse immer wieder mit dem Spatel nach unten schieben, damit sie homogen wird. Fertigen Aufstrich in Gläser füllen und kalt stellen.

1 Portion enthält: 31 kcal, 1,1 g Eiweiß, 1,6 g Fett, 3,1 g Kohlenhydrate, 0,9 g Ballaststoffe, 0,4 mg Eisen, 0,2 mg Zink

AB 1 JAHR

Karotten-Käse-Aufstrich

ZUTATEN FÜR 12 PORTIONEN:

- 200 g Karotten
- 1 Bund Petersilie
- 150 g Weißkäse nach Fetaart

Außerdem:

- 1 sterilisiertes Glas (à 350 ml)

ZUBEREITUNG:

1. Karotten schälen und in Stücke schneiden, Petersilie waschen und trocken tupfen. Beides in den Mixtopf geben und ***3 Sekunden/Stufe 7*** zerkleinern.
2. Käse in Stücke schneiden, anschließend zu den Karotten in den Mixtopf geben und ***15 Sekunden/Linkslauf/Stufe 4*** vermischen. Den fertigen Aufstrich in ein Glas füllen und kalt stellen.

Tipp: Da sich die Aufstriche nur ein paar Tage halten, am besten einen Teil der Masse etwas kräftiger würzen, sodass es auch dem Rest der Familie schmeckt.

1 Portion enthält: 34 kcal, 2,3 g Eiweiß, 2,4 g Fett, 0,8 g Kohlenhydrate, 0,6 g Ballaststoffe, 0,4 mg Eisen, 0,4 mg Zink

AB 1 JAHR

Süßer Brotaufstrich

(Foto siehe Seite 132)

ZUTATEN FÜR 20 PORTIONEN:

- 100 g Haselnusskerne
- 50 g getrocknete Datteln
- 5 g ungesüßtes Kakaopulver
- 30 g Milch
- 10 g Honig

ZUBEREITUNG:

1. Haselnusskerne, Datteln und Schokolade in den Mixtopf geben und ***30 Sekunden/Stufe 8,*** zerkleinern und mit dem Spatel nach unten schieben, ggf. wiederholen.
2. Restliche Zutaten in den Mixtopf geben und ***30 Sekunden/Stufe 4*** verrühren. Aufstrich in sterilisierte Gläser füllen, im Kühlschrank lagern und innerhalb von 1 bis 2 Wochen aufbrauchen.

1 Portion enthält: 42,2 kcal, 0,9 g Eiweiß, 3,2 g Fett, 2,4 g Kohlenhydrate, 0,6 g Ballaststoffe, 0,3 mg Eisen, 0,1 mg Zink

AB 1 JAHR

Tomatenketchup

ZUTATEN FÜR 3 GLÄSER:

- 600 g Tomaten
- 50 g Zwiebel
- 1 Knoblauchzehe
- 150 g Mango (oder Ananas)
- 50 g Apfel
- 80 g Honig
- 50 g Apfelessig
- 1 TL Salz
- 1 EL Currypulver (optional)
- 50 g Tomatenmark

Außerdem:

- 3 sterilisierte Schraubgläser (à 200 ml)

ZUBEREITUNG:

1. Tomaten blanchieren, Haut abziehen, Stielansätze entfernen und das Fruchtfleisch beiseite stellen. Zwiebel und Knoblauch abziehen, in Stücke schneiden, in den Mixtopf geben und ***3 Sekunden/Stufe 5*** zerkleinern.
2. Mango halbieren, das Fruchtfleisch herauslösen und in Stücke schneiden. Apfel waschen, halbieren, Kerngehäuse entfernen und in Stücke schneiden. Mango, Apfel und Tomaten in den Mixtopf geben und ***10 Sekunden/Stufe 5*** zerkleinern.
3. Restliche Zutaten außer Tomatenmark zugeben und ***50 Minuten/95 °C/Stufe 1,5*** einkochen. Dabei anstatt des Messbechers ein Geschirrtuch auf den Mixtopfdeckel legen, damit die Flüssigkeit entweichen kann.
4. Zum Schluss Tomatenmark dazugeben, ***30 Sekunden/Stufe 10*** pürieren und den Ketchup in Gläser abfüllen.

1 Glas enthält: 262 kcal, 5,1 g Eiweiß, 1,2 g Fett, 45,9 g Kohlenhydrate, 5,8 g Ballaststoffe, 3,1 mg Eisen, 1,0 mg Zink

AB 1 JAHR

Suppengrundstock

ZUTATEN FÜR CA. 800 GRAMM:

- **700 g Gemüse und Kräuter nach Wahl (z. B. Karotten, Lauch, Knollensellerie, Petersilienwurzel, Petersilie, Liebstöckel)**
- **100 g Salz**

Außerdem:

- **3 sterilisierte Schraubgläser (à 250 ml)**

ZUBEREITUNG:

1. Gemüse waschen, putzen, nach Bedarf schälen und in Stücke schneiden. Kräuter waschen und trocken tupfen.
2. Alle Zutaten in den Mixtopf geben und ***10 bis 20 Sekunden/Stufe 8*** zerkleinern, anschließend in Schraubgläser abfüllen.

Variante: Aus dem Suppengrundstock lässt sich im Handumdrehen ein ***Suppengewürz (Trockenmischung)*** herstellen. Dazu den fertigen Suppengrundstock auf ein mit Backpapier ausgelegtes Backblech streichen und bei 60 °C Heißluft im Backofen 30 bis 60 Minuten trocknen. Dabei einen Kochlöffel in die Backofentür klemmen, damit die Feuchtigkeit entweichen kann. Abgekühlte, getrocknete Würze in den Mixtopf geben und ***1 Minute/Stufe 10*** pulverisieren. In sterilisierte Schraubgläser abgefüllt ist das Suppengewürz unbegrenzt haltbar.

Tipp: Der Suppengrundstock eignet sich wunderbar um Gemüsereste zu verwerten, z. B. den Strunk vom Brokkoli, die Blätter vom Kohlrabi … Er hält sich im Kühlschrank bis zu einem Jahr.

AB 1 JAHR

Dattelmus

ZUTATEN FÜR 160 GRAMM:

- **100 g Datteln ohne Stein**
- **50 g Wasser**

Außerdem:

- **1 sterilisiertes Schraubglas (à 200 ml)**

ZUBEREITUNG:

1. Alle Zutaten in den Mixtopf geben, ***10 Sekunden/Stufe 10*** pürieren und mit dem Spatel nach unten schieben.
2. Mixtopfinhalt noch zweimal jeweils ***10 Sekunden/Stufe 10*** mixen, in ein Vorratsglas abfüllen und gekühlt lagern.

Fruchtsmoothie für unterwegs

AB 1 JAHR

ZUTATEN FÜR 4 PORTIONEN:

- 1 Orange
- 300 g Obst nach Wahl (z. B. Äpfel, Birnen, Bananen, Nektarinen)
- 10 g Zitronensaft

Außerdem:

- 4 Quetschbeutel zum Selbstbefüllen

ZUBEREITUNG:

1. Orange schälen und vierteln. Obst waschen, putzen, nach Bedarf schälen und klein schneiden.
2. Alle Zutaten in den Mixtopf geben und ***40 Sekunden/Stufe 10*** pürieren, anschließend in Quetschbeutel füllen.

1 Portion enthält: 49 kcal, 0,4 g Eiweiß, 0,3 g Fett, 10,5 g Kohlenhydrate, 1,5 g Ballaststoffe, 0,4 mg Eisen, 0,1 mg Zink

Orangenlimonade

AB 1 JAHR

ZUTATEN FÜR CA. 1 LITER:

- 2 Orangen
- 30–50 g Honig (optional)
- 800 g gekühltes Wasser
- 8 Eiswürfel

ZUBEREITUNG:

1. Orangen schälen, halbieren und mit 400 Gramm Wasser und wenn gewünscht Honig in den Mixtopf geben, Messbecher festhalten und ***4 Sekunden/Stufe 10*** zerkleinern.
2. Die restlichen 400 Gramm Wasser zugeben, Gareinsatz einsetzen, diesen mit dem Spatel festhalten und Limonade in einen Krug absieben. Eiswürfel zugeben und servieren.

1 Glas (250 ml) enthält: 14 kcal, 0,2 g Eiweiß, 0,1 g Fett, 2,6 g Kohlenhydrate, 0,1 g Ballaststoffe, 0,1 mg Eisen, 0,0 mg Zink

Cashewdrink

AB 1 JAHR

ZUTATEN FÜR 600 MILLILITER:

- 100 g Cashewkerne (oder geschälte Mandelkerne, Reis)
- 500 g Wasser

Außerdem:

- 1 sterilisierte Flasche (à 750 ml)

ZUBEREITUNG:

1. Cashewkerne und Wasser in den Mixtopf geben und ***2 Minuten/Stufe 10*** pürieren. In eine sterilisierte Flasche einfüllen, im Kühlschrank lagern und innerhalb von ca. 2 bis 3 Tagen aufbrauchen.

100 ml enthalten: 94,7 kcal, 2,9 g Eiweiß, 7 g Fett, 5,1 g Kohlenhydrate, 0,5 g Ballaststoffe, 0,5 mg Eisen, 0,3 mg Zink

Rezeptregister

Apfel-Birnen-Mus **57**
Apfelpudding **57**
Aprikosenkonfekt **108**

Bananenkekse **102**
Bananenpudding **58**
Birnen-Joghurt-Eis **60**
Bohnensuppe **69**
Brokkoli-Kartoffel-Brei mit Rind **38**
Brotaufstrich, süßer **136**

Cashewdrink **141**

Dampfnudeln mit Vanillesauce **90**
Dinkel-Vollkorn-Stangen **96**

Erdbeer-Cashew-Eis **60**
Erster Gemüsebrei **34**

Fenchel-Kürbis-Brei mit Linsen **42**
Fruchtgummis **126**
Fruchtschlangen **126**
Fruchtsmoothie für unterwegs **141**
Fruchtschnitten **128**
Frühstücksbrötchen **96**

Gedämpftes Gemüse mit Reis und Kräutersauce **78**
Gemüse-Eintopf, schneller **81**
Gemüsemuffins **86**
Gemüsenudeln **76**
Gemüsesuppe **70**
Getreide-Obst-Brei **54**
Getreide-Obst-Stangen **122**
Grießschmarrn **89**

Grundrezepte

Erster Gemüsebrei **34**
Gemüsesuppe **70**
Getreide-Obst-Brei **54**
Kartoffel-Gemüse-Fleisch-Brei **36**
Milch-Getreide-Brei **48**

Haferflocken-Apfel-Milch-Brei **48**
Haferflockenkekse **112**
Hirsebällchen **84**
Hirsemuffins **104**

Joghurtdip **86**

Karotten-Apfel-Brötchen **94**
Karotten-Apfel-Rohkost **66**
Karotten-Kartoffel-Brei **38**
Karotten-Käse-Aufstrich **134**
Kartoffel-Gemüse-Fleisch-Brei **36**
Kichererbsenaufstrich mit Roter Bete **134**
Kokos-Vollwertkekse **114**
Käsekuchen, saftiger **107**
Knäckebrot **118**
Kohlrabi-Fenchel-Reis-Brei mit Schweinefleisch **42**

Milch-Getreide-Brei **48**
Milchbrötchen **99**
Milchreis mit Fruchtmus **50**
Milchreis mit getrockneten Früchten **50**
Milchschnitten **130**

Nudeln mit Bolognese-Sauce **81**

Orangenlimonade **141**

Paprika-Couscous mit Hühnchen **41**
Pastinake-Kartoffel-Hirse-Brei **41**
Pfirsich-Sauerrahm-Eis **60**
Polentaauflauf mit Kirschen **89**
Powerkugeln **108**
Powerriegel **125**

Reisfleisch **76**
Rindfleischsuppe mit Gemüse **66**
Rote-Bete-Apfel-Salat **64**
Rote-Bete-Linsen-Suppe mit Nockerln **72**

Schoko-Nuss-Joghurt **58**
Schokobananen **128**
Schokomuffins **102**
Selleriesuppe mit Apfel **70**
Spinat-Kartoffel-Brei mit Ei **44**
Suppengewürz (Trockenmischung) **138**
Suppengrundstock **138**
Süßer Brotaufstrich **136**
Süßkartoffel-Zucchini-Fisch-Brei **44**

Tomatenketchup **136**
Tomatensuppe mit Kartoffeln **69**

Vollkorn-Minipizzas **82**
Vollkorn-Bananen-Kuchen **104**
Vollkorn-Gemüse-Stangen **120**
Vollkorn-Grissini **120**
Vollkorn-Löffelbiskuits **125**
Vollwert-Lebkuchen **111**
Vollwert-Nuss-Taler **122**

Walnuss-Leinsamen-Brot **94**
Wirsing-Birnen-Rohkost **64**
Wirsingnudeln **82**

Zwieback **118**
Zwiebackbrei mit Obst **54**

Die Autorinnen

Petra Reschenhofer

ist (seit Ende 2018) zweifache Mutter und begeisterte Thermomix®-Besitzerin. Seit der Geburt ihres ersten Kindes im Sommer 2015 hat die gelernte Chemielaborantin zahlreiche Rezepte für Babybreie, gesunde Snacks, Leckereien und Familiengerichte entwickelt. Auf ihrer Facebook- und Instagram-Seite sowie auf ihrer Homepage www.mixxmitpetra.jimdo.com macht sie ihre Rezepte anderen Müttern zugänglich. Außerdem bietet sie regelmäßig Kochvorführungen und Kochkurse an.

Christine Ellinger

absolvierte nach der Ausbildung zur Diätologin das Studium der Gesundheitswissenschaft. Sie arbeitet beim ernährungsmedizinischen Beratungsdienst im Krankenhaus Braunau mit Schwerpunkt Kinderernährung. Freiberuflich ist sie in Prävention und Praxis der Ernährungsmedizin im Baby-, Kindes- und Jugendalter tätig.

Impressum

5. Auflage 2024

Hinweis: Das vorliegende Buch ist sorgfältig erarbeitet worden. Dennoch erfolgen alle Angaben ohne Gewähr. Weder Autorinnen noch Verlag können für eventuelle Nachteile oder Schäden, die aus den im Buch gegebenen Hinweisen resultieren, eine Haftung übernehmen.

Für das Gelingen und die Anwendungshinweise der Rezepte und Zubereitungen ist der Verlag, nicht die Vorwerk Deutschland Stiftung & Co. KG, Geschäftsbereich Thermomix, verantwortlich.

Foodfotografie, Seite 6 und Seite 143: Eva Wöckl, Utensilien und Location: XXXLutz Braunau, Fliesen Wilhelm, Dekor & More by Daniela Zaglmayr
Cover: Eva Wöckl; shutterstock/mythja, Pawle, Oksana Kuzmin; gettyimages/Emely
Illustration Fleck: shutterstock/Artem Stepanov
Seite 11: iStockphoto/YsaL; **Seite 21:** Adobe Stock/Robert Kneschke; **Seite 26:** shutterstock/Kitch Bain; **Seite 29:** Daniela Gronau-Ratzeck und Tobias Gronau

Redaktionsleitung: Dr. Harald Kämmerer
Projektleitung: Ann-Kathrin Kunz
Redaktion: Annette Hartwig
Korrektorat: Dr. Ute Paul-Prößler
Satz/DTP: Nadine Thiel, kreativsatz, Baldham
Layout und Umschlaggestaltung: OH, JA! (www.oh-ja.com)
Reproduktion: Mohn Media Mohndruck GmbH; Gütersloh
Druck und Verarbeitung: DZS Grafik, Ljubljana

Printed in Slovenia

FSC www.fsc.org MIX Papier | Fördert gute Waldnutzung FSC® C106600

Penguin Random House Verlagsgruppe FSC® N001967

ISBN 978-3-517-09729-9
www.suedwest-verlag.de